野菜保存のアイデア帖

はじめに

「気づいたら冷蔵庫の奥で野菜が傷んでいた…」
「保存方法がよくわからない…」など、
せっかく購入した野菜を最後まで使いきることができずに、
捨ててしまったという経験はありませんか？
実は家庭から出る食品ロスの多くは野菜が原因に!!
まずはそれぞれの野菜に適した保存方法を知ることで、
最後までおいしく食べることができます。
この本は、みなさんが知らなかった野菜保存のコツに加え、
最後まで食べきるためのアイデアやレシピを
たっぷりと盛り込みました!!
この一冊が、みなさんの暮らしを豊かにする
手助けになればうれしいです。
そして、大切に使いきる思いやりの心も
学んでいただければと思います。

島本美由紀

目次

知っていれば、野菜はこんなに長持ちする！ ……… 6
おいしく保存した野菜はここがすごい！ ……… 7
野菜保存の基本　冷蔵保存 ……… 8
冷凍保存＆解凍 ……… 10
この本の使い方 ……… 12
これだけは揃えたい！　野菜保存のアイテム ……… 14
野菜から家庭の食品ロスを考えよう！ ……… 16

Part 1　葉野菜＆発芽野菜　……… 17

1週間、保存実験してみました！　……… 18

キャベツ ……… 20
白菜 ……… 22
ほうれん草 ……… 24
小松菜 ……… 26
青梗菜 ……… 27
春菊 ……… 28
ニラ ……… 29
水菜 ……… 30
三つ葉 ……… 31
レタス ……… 32
サニーレタス ……… 34
セロリ ……… 35
クレソン ……… 36
アスパラ ……… 37
ブロッコリー ……… 38
カリフラワー ……… 39

玉ねぎ	40
長ねぎ	42
万能ねぎ	43
もやし	44
豆苗	46
かいわれ大根	47
column 1	48

Part 2　実野菜 …… 49

1週間、保存実験してみました！	50
トマト	52
茄子	54
きゅうり	56
ピーマン	58
パプリカ	60
しし唐	61
かぼちゃ	62
ゴーヤー	64
ズッキーニ	66
オクラ	67
インゲン	68
絹さや	69
column 2	70

Part 3　根菜＆きのこ ... 71

1週間、保存実験してみました！ ... 72
- 大根 ... 74
- かぶ ... 76
- にんじん ... 77
- じゃがいも ... 78
- さつまいも ... 80
- 長いも ... 81
- 里いも ... 82
- ごぼう ... 83
- レンコン ... 84
- しいたけ ... 86
- しめじ ... 88
- えのき ... 89
- エリンギ ... 90
- まいたけ ... 90
- 株採りなめこ ... 91
- マッシュルーム ... 91

column 3 ... 92

Part 4　香味野菜＆フルーツ ... 93

1週間、保存実験してみました！ ... 94
- しょうが ... 96
- にんにく ... 98

みょうが	100
大葉	101
柚子	102
レモン	103
パクチー	104
パセリ	105
バジル	106
ミント	106
イタリアンパセリ	107
ローズマリー	107
バナナ	108
いちご	108
りんご	109
みかん	109
キウイ	110
オレンジ・グレープフルーツ	110
ブルーベリー	111
アボカド	111
フルーツのレシピ	112

column 4 ———— 114

Part 5　野菜の切りおき保存 ———— 115

冷蔵庫の収納術 ———— 124
索引 ———— 126

知っていれば、野菜はこんなに長持ちする！

冷蔵　半分残ったパプリカで実験してみました！

そのまま保存
タネとワタに栄養や水分を取られてしまい、全体がしぼんでしなしなに…。

タネを取り、ペーパーで包んで保存
タネを取り、切り口をペーパーで覆ってポリ袋に入れれば、1週間たっても変化なし!!

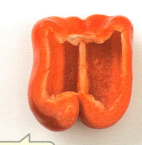

1週間でこんなに差が!!

冷凍　食べやすく切って生で冷凍したゴーヤー

冷凍すれば、約1か月保存ができる!!

STEP 1
食べやすく切って、生のまま冷凍

STEP 2
凍ったまま調理するだけ

STEP 3
おいしい料理が時短で完成!!

おいしく保存した野菜は
ここがすごい！

野菜は新鮮なうちに使い切るのがベストですが、
正しく保存すればおいしく長持ち。
うれしいメリットもたくさんあります。

1 食材がムダにならない！

一度で使い切れなかった野菜が傷まず長持ち。
最後まで使い切れば、節約にもつながります。

2 野菜不足が解消できる！

野菜がいつも冷蔵庫にあれば、気になる野菜不足も解消できます。

3 捨てる罪悪感から解放される！

正しい保存の仕方を知っておくだけで、野菜はグンと長持ち！
捨てる罪悪感からも解放されます。

4 冷凍すれば時短調理が可能！

必要な量だけ取り出せて凍ったまま調理できるから、まな板と包丁いらず。
火の通りも早くなるので、時間のかかる煮物などが時短で作れます。

5 冷凍でうまみがUPする！

きのこやトマトなどは冷凍することによって細胞組織が壊れ、うまみや甘みがUP。
野菜本来の味が楽しめます。

野菜保存の基本
冷蔵保存

ここで差がつく 冷蔵保存のポイント

**冷気や水分に弱い野菜は
ペーパーで包んで保存する**

低温障害を起こしやすい野菜や水分に弱い野菜は、乾いたペーパータオルで包むと長持ちします。乾燥を防ぐために、さらにポリ袋に入れて口を閉じましょう。

**長さのある野菜は
立てて保存する**

野菜は育った環境に近い状態で保存すると長持ちします。例えば葉物野菜やアスパラのように上に伸びる野菜は、容器を使って立てて保存しましょう。余分なエネルギーを使わずに保存ができるので鮮度をキープしてくれます。

変色や乾燥に弱い野菜は水を与えて保存する

野菜室にそのまま入れると変色して茶色っぽくなる野菜や、乾燥してしまう野菜は、水を与えて保存しましょう。水を入れた瓶に挿したり、根元を湿らせたペーパータオルで包んだり。保湿で長持ちする野菜もあります。

それぞれの野菜に適した場所で保存する

冷蔵庫は場所によって、温度設定が異なります。それぞれに適した場所で保存するとおいしく長持ちします。ちなみに冷暗所とは、常温よりも温度が低く、日の当たらない涼しい場所のこと。マンションなどでは冷暗所と呼べる場所はあまりないので、冷蔵室や野菜室を利用しましょう。

「冷蔵室」
冷蔵室の設定温度は3〜6℃。きのこや野菜の切りおきなど、冷えた温度を好む野菜を置くと長持ちする。

「ドアポケット」
冷気が届きにくく、ドアの開け閉めによる温度変化もあるので、冷蔵室より温度がやや高め。瓶に水を入れて保存する野菜は、庫内で転倒しやすいので、ドアポケットに保存するとよい。

「チルド室」
チルド室の設定温度は0〜2℃。鮮度を保ったまま凍らないので、肉や魚などの生鮮食品の保存に適しているが、チルド室保存がよい野菜もある。

「野菜室」
野菜室の設定温度は6〜8℃。夏野菜や低温障害を起こしやすい野菜や果物の保存に適している。

memo ちなみに常温保存とは？
直射日光の当たらない風通しのよい場所で保存することで、15℃〜25℃を指します。通年常温で保存ができる野菜もありますが、夏場は温度や湿度が上がり傷みやすくなります。季節によっては野菜室に移動して保存しましょう。

野菜保存の基本
冷凍保存&解凍

ここで差がつく 冷凍保存&解凍のポイント

POINT 1 野菜は新鮮なうちに冷凍保存する

野菜は傷みそうになってから急いで冷凍するのではなく、新鮮なうちに冷凍すれば劣化を防いで栄養価をキープしてくれます。

POINT 2 中身は平らにして保存袋の空気を抜く

中身は薄く平らにして、空気を抜いてしっかり密閉しましょう。素早く冷凍ができ、乾燥と酸化を防いでくれます。

POINT 3 金属製のトレイで急速冷凍する

短時間で凍らせた方が、おいしさをキープできます。熱伝導がよい金属製トレイにのせて冷凍しましょう。

丸ごと冷凍と
小分け冷凍で
保存方法を変える

野菜は生で丸ごと冷凍すると切り口からの劣化を防いでくれるので、色や食感が変わりにくくなり保存期間も長くなります。少量ずつ使いたいものは食べやすく切り、小分け冷凍しましょう。

冷凍した野菜は
凍ったまま調理する

煮物や炒め物など、冷凍した野菜を加熱調理するときは基本的には解凍せず、凍ったまま使いましょう。冷凍した野菜は火の通りが早く、時短調理が可能です。葉物野菜や茄子、ピーマンなどは、室温で自然解凍するだけでおひたしとしておいしく食べられます。

memo_1
野菜は生のまま冷凍して大丈夫？
野菜の冷凍はブランチング（下茹でしたり、蒸したりする加熱調理のこと）してから冷凍することもありますが、これは野菜内の酵素を失活させて食感の変化や変色を防ぎより長持ちさせるため。でも、早めに使い切るなら、生で冷凍しても大丈夫です。

memo_2
再冷凍はNGです！
解凍して使い切れなかった野菜の再冷凍はやめましょう。解凍時にうまみや水分が出てしまうので、再冷凍してもおいしく食べられません。

この本の使い方

目次（P.2-5）、索引（P.126-127）を参照して、食材を調べて活用してください。
保存期間はあくまでも目安です。
季節や住環境、気温などの条件によって変わることがあります。

❶旬
最もおいしい時期を紹介しています。

❷選び方
新鮮でおいしいものを選ぶためのポイントを紹介しています。

❸ベジMEMO
調理のコツやラクワザを紹介しています。

❹保存方法
保存方法の手順を紹介しています。

❺保存場所
それぞれの野菜に適した保存場所を紹介しています。

❻解凍方法
おすすめの解凍方法を紹介しています。

❼保存期間
冷蔵、冷凍の保存期間を表示しています。

❽ベジRECIPE
冷凍した野菜を活用するレシピを紹介しています。

野菜の切りおき保存アイデアも充実しています

❶つくり方
つくり方の手順と保存イメージを写真で紹介しています。

❷保存期間
冷蔵の保存期間を表示しています。

❸調理例
切りおき野菜が活用できる調理例を紹介しています。

●レシピについて
・材料は2人分が基本ですが、1人分や作りやすい分量で表示してあるものもあります。
・小さじ1＝5ml、大さじ1＝15mlです。
・電子レンジの加熱時間は600W。500Wの場合は1.2倍にしてください。オーブントースターの加熱時間は1000W。どちらも機種によって加熱時間には多少差があるので、様子を見て調整してください。
・自然解凍とレシピ内に書いてあるもの以外は、冷凍野菜は凍ったまま加熱調理をしてください。

13

これだけは揃えたい！
野菜保存のアイテム

野菜をおいしく保存するために必要なアイテムをご紹介。
身近な道具でおいしく保存ができます。

ラップ

食品の保存には欠かせないアイテム。量や大きさによって使い分けができるように、大小のサイズを揃えておくと便利です。

シリコン＆アルミカップ

果汁や大根おろしなど、汁の多いものを小分けにして冷凍するときには、アルミカップや繰り返し使えるシリコンカップが最適です。

冷凍保存するときに適した袋。厚みがありしっかりとしているので破れにくい。一度で使い切るならジッパータイプ、何回も開け閉めするならスライダーバッグにするなど、用途によって使い分けるとよいでしょう。

冷凍用保存袋

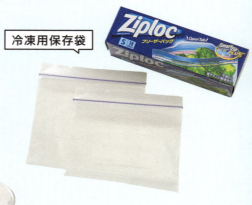

空き瓶＆グラス

少量の水を入れて野菜を立てて保存するのに便利。密閉するために瓶は蓋があるものを。グラスにはラップやポリ袋をかぶせて乾燥を防ぎましょう。

ペーパータオル

野菜の水けを拭き取るときや、水で湿らせて水分補給するときに便利。野菜を包むと過度の冷気や乾燥からも守ってくれます。

ペットボトルの空き容器

野菜を立てて保存したいときに便利。使用後のペットボトルを洗ってよく乾かしてから、スペースに合う高さにカット。切り口にはマスキングテープを貼って。

金属製トレイ

熱伝導がよいので急速冷凍が可能。短時間で冷凍できればおいしさを保てるので、金属製トレイにのせて冷凍しましょう。

保存容器

カットした野菜を水につけて保存したり、傷みやすい野菜を保存したり、蓋付きの保存容器があると便利です。

新聞紙

新聞紙は丸ごとの野菜や泥付きの野菜などを保存したり、乾燥を防いだりするのに便利。常温や冷蔵保存で使えます。なければペーパータオルで代用も可。

ポリ袋

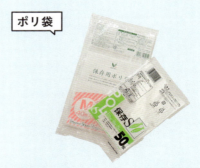

冷蔵保存に便利なのがポリ袋。冷気や乾燥から防いでくれます。S・M・Lを基本に揃えておくとよいでしょう。

野菜から家庭の食品ロスを考えよう！

最近よく耳にするこの「食品ロス（フードロス）」という言葉。みなさんは知っていましたか？　ぜひここで「食品ロス」という言葉を理解し、なぜ野菜からなのかも一緒に考えていきましょう。

食品ロスとは？

食品ロスとは、まだ食べられるのに捨ててしまう食品のこと。

日本国内の食品ロス

日本国内の食品ロスは、推定で年間約646万トン（2015年度）。これは世界中で飢餓に苦しむ人々に向けた世界の食糧援助量の約2倍にあたり、日本国民一人あたりに換算すると、毎日"お茶碗約1杯分の食べもの"を捨てている計算になります。家庭においては、食品ロス全体の約半数近い289万トン（2015年度）。お金に換算すると、一世帯あたり年間約6万円という結果が、京都市の試算により出ています。

家庭からの食品ロスの主な原因

冷蔵庫に入れたままで
調理されなかった
「直接廃棄」

作りすぎなどで
食べ残された
「食べ残し」

調理の際に
食べられる部分を過剰に捨てる
「過剰除去」 など

家庭で発生する食品ロスを食材別で見てみると、最も多いのは野菜でした。次いで果実類、調理加工品、魚介類となっています。まずは、野菜の保存や調理のコツを学ぶことで、家庭からの食品ロスを自然と減らしていけます。できることからはじめてみましょう。

一般社団法人「食エコ研究所」より
https://www.syokueco.com/

Part ① 葉野菜&発芽野菜

スーパーで見かける定番の葉野菜に
発芽野菜をプラスしてご紹介！

Part 1 葉野菜&発芽野菜

1週間、保存実験してみました！

ほうれん草

そのままだと庫内の冷気と乾燥で葉の水分がなくなり、くしゃっと縮んで葉の色も悪くなってしまいます。ほうれん草は、購入した袋のまま野菜室に立てて保存するだけで、葉はピンとしたままです。

そのまま保存

おいしく保存

ブロッコリー

そのままだと茎に残っている栄養分を使って花を咲かせようとつぼみが黄色くなってしまうので、ブロッコリーは根元を1cmほど切り落として水に挿し、ポリ袋をかぶせて保存すれば鮮度そのまま。

そのまま保存

おいしく保存

レタス

そのままだと乾燥で水分が抜けてしなしなに。ポリ袋に水を少量入れ、根元を浸して袋を縛り、ペットボトルの空き容器などに挿して立てて保存を。しっかりとみずみずしさをキープし、葉先も元気なまま。

そのまま保存

おいしく保存

もやし

残ったもやしを野菜室に入れて保存すると、においの変化と変色の原因に。傷みやすいひげ根を取って保存容器に入れ、かぶるくらいの水を注ぎ、蓋をして冷蔵室で保存すれば、シャキシャキのまま。

そのまま保存

おいしく保存

Part 1 葉野菜&発芽野菜

キャベツ

選び方

旬 3月〜5月・11月〜2月

● CHECK
外葉の緑色が濃く、ツヤとハリがあるもの

● CHECK
ずっしりと重みのあるもの

いろいろな食べ方が楽しめる万能野菜！

● CHECK
芯の切り口が変色していないもの

"カットキャベツ"の選び方
カットして売っているキャベツは、切り口がみずみずしく、芯が割れていないものを選びましょう。

MEMO

春キャベツはゆるくて軽いものがいい

3〜5月が旬の春キャベツは、やわらかくて生食向き。冬キャベツは葉の巻きがしっかり詰まっているものがおすすめですが、春キャベツは葉の巻き方がゆるく軽いものを選びましょう。

冷蔵保存

丸ごと
芯を切り抜き濡れたペーパーを詰める

包丁の刃先で芯を切り抜き、濡らしたペーパータオルを詰める。ポリ袋に入れて芯を下にし、野菜室で保存する。外葉から使う。ペーパータオルが乾いてきたら取り変える。

保存場所	野菜室	保存期間	2〜3週間

カットしたもの
切り口にペーパーをかぶせて保存する

黒ずむ原因の水分を取ってくれるので、切り口にペーパータオルをかぶせる。ポリ袋に入れ、芯もしくは切り口を下にして保存し、湿ったら取り換える。

保存場所	野菜室・冷蔵室	保存期間	7日

冷凍保存

食べやすく切って生のまま冷凍する

ざく切りや千切りなど、使いやすい大きさに切って冷凍用保存袋に入れ冷凍する。凍ったまま炒め物やスープに、自然解凍をして水けを絞れば和え物に。

解凍方法	自然解凍・凍ったまま調理	保存期間	3〜4週間

RECIPE

キャベツの梅肉和え

材料（2人分）とつくり方
冷凍キャベツ（ざく切り）¼個分は解凍をして水けを絞る。ボウルに、包丁で叩いた梅干し1個分、みりん・しょうゆ各小さじ1、ごま油小さじ⅓を入れよく混ぜ、キャベツを加え和える。器に盛る。

Part 1 葉野菜&発芽野菜

白菜

選び方

旬 11月〜2月

栄養価の高い冬のお助け野菜！

🔴 **CHECK**
葉先までしっかり巻きついているもの

🔴 **CHECK**
外葉が鮮やかな緑

🔴 **CHECK**
ずっしりと重みのあるもの

"カット白菜"の選び方

切り口がみずみずしく、葉が詰まっているものを選びましょう。芯が盛り上がっているものは鮮度が落ちています。

MEMO

白菜を甘く&おいしくする裏ワザ

白菜の栄養や甘みは外葉で作られて中心部に送られるので、内側のやわらかい部分から先に食べると栄養と甘みがそのまま外葉に蓄積されおいしくなります。白菜の中心部をくりぬいたら2〜3日置くと全体が甘くなります。

22

常温保存

丸ごと — 新聞紙で包み立てて保存

丸ごと新聞紙で包み、風通しのよい場所もしくは冷暗所に立てて保存する。冷えると甘くなるので野菜室での保存もおすすめです。

保存場所	風通しのよい場所・冷暗所	保存期間	2〜3週間

冷蔵保存

カットしたもの — 切り口にペーパーをかぶせて保存する

黒ずむ原因の水分を取ってくれるので、切り口にペーパータオルをかぶせる。ポリ袋に入れ、芯もしくは切り口を下にして野菜室で保存する。P22の白菜の中心部をくりぬいた保存もおすすめです。

保存場所	野菜室・冷蔵室	保存期間	7日

冷凍保存

食べやすく切って生のまま冷凍する

ざく切りや細切りなど、好きな大きさに切って冷凍用保存袋に入れ冷凍する。凍ったまま炒め物やスープに、自然解凍をして水けを絞れば和え物に。

解凍方法	自然解凍・凍ったまま調理	保存期間	3〜4週間

サバ缶と白菜の味噌汁

材料（2人分）とつくり方

鍋にだし汁400mlを入れて中火にかけ、沸騰したら冷凍白菜（ざく切り）⅛個分、しょうがの千切り½片分、サバ缶1缶を缶汁ごと加える。白菜に火が通ったら弱めの中火にして、味噌大さじ2を溶き入れ器に盛る。

Part 1 葉野菜&発芽野菜

ほうれん草

選び方

旬 12月～1月

栄養補給に食べたい緑黄色野菜の代表格！

● CHECK
葉が肉厚で葉先までピンとしたもの

● CHECK
葉の緑が濃く鮮やか

● CHECK
茎が適度に太く、弾力のあるもの

根元の赤い部分は捨てないで！
根元の赤い部分は栄養が豊富。十字に切り込みを入れればおいしく茹でられます。捨てずにいただきましょう。

ベジ MEMO

ほうれん草は電子レンジで茹でれば時短に

ほうれん草を水洗いしたら、半量ずつ向きを逆にしてラップで包み、耐熱皿にのせて1分半～2分ほど加熱します。ラップごと水にさらしてからアク抜きすればOK。向きを逆にすることで、均一に火が通り、お湯を沸かす手間もなし。

冷蔵保存

ペーパーで包んで立てて保存する

購入した袋のまま立てて保存。残ったものは傷んでいるところがあれば取り除き、ペーパータオルで包んでからポリ袋に入れる。ペットボトルの空き容器などを利用して立てて保存する。

保存場所	野菜室	保存期間	7日

冷凍保存

切って生のまま冷凍する

使いやすい長さに切って生のまま冷凍用保存袋に入れ、空気を抜いて冷凍する。ザルに冷凍ほうれん草をのせて熱湯をかけ、水にさらして水けを絞れば、おひたしや和え物、スープや炒め物に使えます。茹でてから冷凍も便利です。

解凍方法	自然解凍・凍ったまま調理	保存期間	3〜4週間

RECIPE

ほうれん草の豚肉巻き

材料（2人分）
豚ロース薄切り肉　6枚
冷凍ほうれん草（ざく切り）　1束分
塩・コショウ　各少々
小麦粉　適量
サラダ油　小さじ1
A ┌ 醤油　大さじ1
　├ 酒　大さじ1
　├ みりん　大さじ1
　└ 砂糖　小さじ2

つくり方
1　ザルに冷凍ほうれん草をのせて熱湯をかけ、水にさらす。水けを絞る。
2　豚肉に1を等分してのせて巻き、塩・コショウして、小麦粉を薄く振る。
3　フライパンにサラダ油を入れ中火で熱し、2の巻き終わりを下にして焼く。
4　全体に焼き色がついたら、Aを加えて煮絡める。

Part 1 葉野菜＆発芽野菜

小松菜

選び方

旬 12月～3月

アクが少なく、カルシウムがたっぷり！

CHECK
葉の緑が濃く鮮やかで、葉先までピンとしたもの。茎は太くしっかりしているもの

冷蔵保存

ペーパーで包んで立てて保存する

購入した袋のまま立てて保存。残ったものは傷んでいるところがあれば取り除き、ペーパータオルで包んでからポリ袋に入れる。ペットボトルの空き容器などを利用して立てて保存する。

| 保存場所 | 野菜室 | 保存期間 | 7日 |

冷凍保存

切って生のまま冷凍する

使いやすい長さに切って生のまま冷凍用保存袋に入れ、空気を抜いて冷凍する。小松菜はアクが少ないので凍ったまま炒めたり、スープに加えたり。自然解凍をして水けを絞れば、おひたしや和え物に。

| 解凍方法 | 自然解凍・凍ったまま調理 | 保存期間 | 3～4週間 |

RECIPE

小松菜の卵焼き

材料（2人分）とつくり方
小松菜（ざく切り）¼束分は解凍して水けを絞り、1cm幅に切る。ボウルに小松菜、卵2個、めんつゆ（3倍濃縮）と砂糖各小さじ1を加えてよく混ぜる。フライパンにサラダ油適量を入れ熱し、卵液を流して卵焼きにする。

青梗菜

選び方

白菜の仲間で、中国原産の野菜！

旬 9月〜1月

💡 CHECK
葉の緑が鮮やかで、葉と茎が肉厚で、芯の切り口が変色していないもの

冷蔵保存

ペーパーで包んで立てて保存する

購入した袋のまま立てて保存。残ったものは傷んでいるところがあれば取り除き、ペーパータオルで包んでからポリ袋に入れる。ペットボトルの空き容器などを利用して立てて保存する。

| 保存場所 | 野菜室 | 保存期間 | 7日 |

冷凍保存

切って生のまま冷凍する

使いやすい長さに切って生のまま冷凍用保存袋に入れ、空気を抜いて冷凍する。青梗菜はアクが少ないので凍ったまま炒めたり、スープに加えたり。自然解凍をして水けを絞れば、おひたしや和え物に。

| 解凍方法 | 自然解凍・凍ったまま調理 | 保存期間 | 3〜4週間 |

ベジMEMO

丸ごと食べられる青梗菜の切り方

青梗菜は葉と茎の境目に包丁を入れ、葉はざく切り、茎は縦2等分にしてから放射状に切ります。根元に泥がたまっていることも多いのでこの時点で洗い流しましょう。茎から炒めて、葉は最後にさっと炒め合わせるだけでOK。丸ごとおいしくいただけます。

Part 1 葉野菜＆発芽野菜

春菊

選び方

旬 11月〜3月

秋から冬の春菊は、葉や茎がやわらかく香り高い！

💡 CHECK
葉の緑が濃く鮮やかで香りが強く、切り口の断面がみずみずしいもの

冷蔵 保存

濡れたペーパーを根元に巻いて立てて保存する

傷んでいる葉があれば取り除き、濡れたペーパータオルを根元に巻いてからポリ袋に入れ、ペットボトルの空き容器や瓶に挿し、立てて保存する。水に挿してもよい。

保存場所	**野菜室**	保存期間	**7日**

冷凍 保存

切って生のまま冷凍する

使いやすい長さに切って生のまま冷凍用保存袋に入れ、空気を抜いて冷凍する。春菊はアクが少ないので凍ったまま炒めたり、スープに加えたり。自然解凍をして水けを絞れば、おひたしや和え物に。

解凍方法	**自然解凍・凍ったまま調理**	保存期間	**3〜4週間**

ベジ RECIPE

春菊としらすの和えもの

材料（2人分）とつくり方
冷凍春菊（ざく切り）1束分は、自然解凍をして水けを絞る。ボウルに春菊、しらす大さじ1、白だし小さじ2を入れて和え、器に盛る。ちりめんじゃこでつくってもおいしい。

ニラ

独特の香りを持つ栄養豊富なスタミナ野菜

旬 11月～3月

選び方

CHECK
葉の緑が濃く、葉先までピンとしてハリがありみずみずしいもの。根元は肉厚で幅が広いもの

冷蔵 保存

カットして水につけて保存する

保存容器の大きさに入るようにカットして入れ、ひたひたになるまで水を注ぐ。蓋をして保存する。水は3日に1度取り替える。

保存場所	**冷蔵室**	保存期間	**7日**

冷凍 保存

切って生のまま冷凍する

使いやすい長さに切って生のまま冷凍用保存袋に入れ、空気を抜いて冷凍する。ニラはアクが少ないので凍ったまま炒めたり、スープに加えたり。自然解凍をして水けを絞れば、おひたしや和え物に。

解凍方法	**自然解凍・凍ったまま調理**	保存期間	**3～4週間**

ベジMEMO

ニラのみじん切りは輪ゴムで留めて！

餃子やチャーハン、肉団子などで大活躍のニラのみじん切り。タイトル通り、輪ゴムで留めて端からみじん切りにするとラク。真ん中で切って重ねれば、より早く簡単に切れます。万能ねぎの小口切りなども同様にできます。

Part 1 葉野菜&発芽野菜

水菜

旬 12月〜3月

サラダに浅漬け、煮物や鍋にも大活躍！

選び方

CHECK
葉先までピンとしてみずみずしいもの。茎は白くてハリがあり、まっすぐ伸びているもの

冷蔵保存

カットしてペーパーで包み保存する

食べやすく切って水に3分ほどさらし、ザルに上げて水けを拭きとる。保存容器にペーパータオルを敷き、水菜を入れたらペーパーをかぶせ蓋をする。葉に水がつくと傷むので、ペーパーが濡れてきたら取り換えて。

| 保存場所 | 冷蔵室 | 保存期間 | 7日 |

冷凍保存

切って生のまま冷凍する

使いやすい長さに切って生のまま冷凍用保存袋に入れ、空気を抜いて冷凍する。水菜はアクが少ないので凍ったまま炒めたり、スープに加えたり。自然解凍をして水けを絞れば、おひたしや和え物に。

| 解凍方法 | 自然解凍・凍ったまま調理 | 保存期間 | 3〜4週間 |

ベジRECIPE

水菜とベーコンのさっと煮

材料(2人分)とつくり方
ベーコン2枚は2cm幅に切る。鍋に水200ml、顆粒和風だし小さじ1、薄口醤油・みりん各小さじ2を入れ、沸騰したらベーコンと冷凍水菜（3〜4cm長さ）½束分を加えてひと煮る器に盛る。

30

三つ葉

選び方

旬 11月〜3月

親子丼やすまし汁など和食の彩りに欠かせない！

💡 CHECK
葉の緑が濃く鮮やか。香りが強く、葉先までイキイキしているもの

冷蔵 保存

濡れたペーパーで根元を包んで立てて保存する

濡れたペーパータオルで根元を巻き、保存袋に入れて葉先を上に向けてペットボトルなどに立てて保存。ペーパーが乾いてきたら取り換える。少量の水を入れた空き瓶などに挿してもいい。

| 保存場所 | **野菜室** | 保存期間 | **7〜10日** |

冷凍 保存

切って生のまま冷凍する

ざく切りにし、冷凍用保存袋に入れ冷凍する。使いたい量だけ取り出せるので、凍ったまま茶碗蒸しや卵焼き、かき揚などに使ったり、調理の仕上げに味噌汁やお吸いものに浮かべたり。幅広く使えます。

| 解凍方法 | **自然解凍・凍ったまま調理** | 保存期間 | **3〜4週間** |

ベジ RECIPE

三つ葉とあさりの酒蒸し

材料（2人分）とつくり方
フライパンにサラダ油大さじ1とにんにくのみじん切り1片分を入れて中火にかけ、香りが出たらあさり200gと酒大さじ4を加え、蓋をして2分間蒸し焼きにする。冷凍三つ葉½把分を加え醤油で味を調える。

Part 1 葉野菜＆発芽野菜

レタス

選び方

旬 4月〜9月

● CHECK
葉の巻きが
ふんわりとゆるく、
軽いもの

● CHECK
葉にハリがあって
みずみずしいもの

みずみずしいレタスは **サラダの代表！**

● CHECK
芯の切り口が
10円玉程度で白いもの

『カットレタス』の選び方
カットして売っているレタスは、葉がぎっしり詰まっていないものがおすすめ。切り口がみずみずしく、変色していないものを選びましょう。

ベジMEMO

レタスの変色を防ぐには手でちぎる

レタスは刃物で切ると酸化して、切り口が茶色く変色します。サラダとして食べるなら、手でちぎれば変色せず、切った断面も粗くなるのでドレッシングが絡みやすくなります。レタスはちぎって料理に使いましょう。

冷蔵保存

丸ごと — 芯に爪楊枝を刺して保存する

芯に3本ほど爪楊枝を刺し、生長点の働きを止める。ペーパータオルで全体を包んでからポリ袋に入れ、芯を下にして野菜室で保存する。外葉から使う。

保存場所	野菜室	保存期間	2〜3週間

カットしたもの — 切り口にペーパーをかぶせて保存する

切り口から水分が抜けるので、切り口にペーパータオルをかぶせる。ポリ袋に入れ、芯もしくは切り口を下にして保存する。

保存場所	野菜室・冷蔵室	保存期間	5日

冷凍保存

手でちぎって生のまま冷凍する

一口大に手でちぎり、冷凍用保存袋に入れ冷凍する。サラダには不向きですが、凍ったまま炒めたり、スープに加えたりして使えます。

解凍方法	凍ったまま調理	保存期間	2〜3週間

RECIPE

牛肉とレタスの焼肉炒め

材料(2人分)とつくり方

フライパンにごま油小さじ2を入れ中火にかけ、赤唐辛子の小口切り1本分と牛薄切り肉100gを加え炒める。牛肉に火が通ったら冷凍レタス(一口大)½玉分を入れさっと炒め、焼肉のタレ大さじ1で調味する。

サニーレタス

旬 12月〜3月

サラダが定番ですが**加熱調理**もおすすめ!!

選び方

🔍 **CHECK**

葉先は濃い赤紫色で、葉にハリがあってみずみずしいもの

冷蔵 保存

根元を水に浸して立てて保存する

ポリ袋に水を少量入れ、根元を浸して袋を縛り、ペットボトルの空き容器や瓶などに挿して野菜室に立てて保存する。水がなくなったら足す。

| 保存場所 | 野菜室 | 保存期間 | 2〜3週間 |

冷凍 保存

手でちぎって生のまま冷凍する

食べやすい大きさに手でちぎり、冷凍用保存袋に入れ冷凍する。サラダには不向きですが、凍ったまま炒めたり、スープに加えたりして使えます。

| 解凍方法 | 凍ったまま調理 | 保存期間 | 3〜4週間 |

ベジMEMO

他のレタスも保存方法は同じでOK！

ロメインレタスやフリルレタス、シルクレタスやエンダイブ、そしてサラダ菜などの冷蔵・冷凍保存の方法もサニーレタスと同じでOK！　根元を水に浸して冷蔵し、冷凍したものは凍ったまま炒めたり、スープに加えたりして使いましょう。

セロリ

選び方

独特の香りと
シャキシャキ食感が
人気！

旬 4月～7月・11月～12月

🔖 CHECK
葉の緑が濃く、ハリがあるもの。茎は肉厚で筋がしっかり出ているもの、切り口が変色していないものが新鮮です

冷蔵保存

葉は立てて茎は水につけて保存する

葉と茎の節で切り分け、葉は根元に濡れたペーパータオルを巻き、ポリ袋に入れて立てて保存。茎はカットして保存容器に入れ、ひたひたになるまで水を注ぎ、蓋をして保存。水は3日に1度取り替える。

| 保存場所 | 冷蔵室・野菜室 | 保存期間 | 7日 |

冷凍保存

切って生のまま冷凍する

茎は筋を取り、斜め薄切りなどに切って冷凍用保存袋に入れ冷凍する。葉も冷凍用保存袋に入れ、凍ったら袋のまま揉めばパラパラに砕ける。茎は凍ったまま炒めたり、葉は卵焼きや天ぷらの衣に加えたり。

| 解凍方法 | 自然解凍・凍ったまま調理 | 保存期間 | 3～4週間 |

RECIPE

セロリとカニカマのマヨ和え

材料(2人分)とつくり方
冷凍セロリ(斜め薄切り)1本分は自然解凍をして水けを絞り、カニカマ3本は半分に切って手で裂く。合わせてマヨネーズ大さじ1で和え、好みで黒コショウを振る。

Part 1 葉野菜&発芽野菜

クレソン

選び方

旬 4月〜5月

彩りだけじゃなく、爽やかな辛みも味わって！

CHECK
葉は濃い緑色でツヤがあり、香りがあるもの。太くて節の間隔が狭いものがよい

冷蔵 保存

根元を水につけて立てて保存する

水辺で育つ野菜なので、コップなどに水を5cmほど入れ、クレソンの茎を挿し、ポリ袋をかぶせ、輪ゴムで留めて保存する。冷えた場所を好むので冷蔵室やドアポケットに保存する。3日に1度水を取り替える。

| 保存場所 | 冷蔵室 | 保存期間 | 7日 |

冷凍 保存

切って生のまま冷凍する

ざく切りにして、冷凍用保存袋に入れ冷凍する。使いたい量だけ取り出せるので、凍ったまま炒め物や和え物、スープなどに。茹でてから小分け冷凍も便利です。

| 解凍方法 | 凍ったまま調理 | 保存期間 | 3〜4週間 |

 RECIPE

豚こまとクレソンの味噌汁

材料（2人分）とつくり方

豚こま切れ肉80gは、ひと口大に切る。鍋にだし汁400mlを入れて火にかけ、沸騰したら豚肉を入れアクを取る。火を弱めて味噌大さじ2を溶き入れ、冷凍クレソン（ざく切り）1束分を加えひと煮する。

36

アスパラ

選び方

旬 3月〜6月

茹でても、焼いても、炒めてもおいしい野菜！

💡 **CHECK**
穂先が締まっていて、緑が鮮やか。茎の太さが均一で、全体にハリがあるもの

冷蔵 保存

根元を水につけて立てて保存する

瓶や筒状の容器に水を3cmほど入れ、アスパラを挿し、ポリ袋をかぶせて輪ゴムで留める。3日に1度水を取り替える。冷えた場所を好むので冷蔵室やドアポケットに保存する。

保存場所	**冷蔵室**	保存期間	**7〜10日**

冷凍 保存

切って生のまま冷凍する

根元のかたい皮をそぎ落とし、丸ごと、斜め切り、3〜4cm長さなど食べやすい大きさに切って冷凍用保存袋に入れ冷凍する。凍ったまま肉巻きや炒め物、スープに加えたりして使いましょう。

解凍方法	**凍ったまま調理**	保存期間	**3〜4週間**

ベジ RECIPE

アスパラとちくわのきんぴら

材料（2人分）とつくり方
フライパンにごま油小さじ1を入れ中火で熱し、斜め薄切りにしたちくわ2本分と冷凍アスパラ（斜め切り）3本分を加え炒める。全体に油がまわったら、砂糖・酒・醤油各大さじ½を加え煮絡める。

37

Part 1 葉野菜&発芽野菜

ブロッコリー

選び方

旬 11月〜3月

栄養豊富で、見た目も華やか！

💡 CHECK
緑色が濃く、つぼみが密集してかたく引き締まっているもの。茎に空洞がないもの

冷蔵 保存

根元を水につけて立てて保存する

根元を1cmほど切り落とし、瓶や筒状の容器に水を5cmほど入れ、ブロッコリーを挿し、ポリ袋をかぶせ、輪ゴムで留める。3日に1度水を取り替える。冷えた場所を好むので冷蔵室で保存する。

保存場所 **冷蔵室**	保存期間 **10〜14日**

冷凍 保存

切って生のまま冷凍する

早めに使い切るなら生で冷凍してもOK。小房に分け、冷凍用保存袋に入れ冷凍する。凍ったまま炒め物やスープに加えたりして使いましょう。下茹でしてから冷凍すれば鮮かな色をキープできます。

解凍方法 **凍ったまま調理**	保存期間 **3〜4週間**

 MEMO

スティックセニョールも大人気！

スティックセニョールは、ブロッコリーとカイランを掛け合わせた品種のことで、別名「茎ブロッコリー」とも呼ばれていて、甘みとアスパラのような食感が楽しめます。つぼみの色が濃く、全体にハリのあるものを選びましょう。保存方法はブロッコリーと同じです。

カリフラワー

選び方

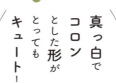

旬 11月〜3月

真っ白でコロンとした形がとってもキュート！

💡 CHECK
つぼみが密集し、かたく引き締まっているもの。ずっしりと重く、葉の切り口が変色していないもの

冷蔵保存

根元を水につけて保存する

カリフラワーはそのままだと変色しやすく日持ちがしないので、小さめのボウルに水をはり、根元を浸してラップで全体を覆って保存するときれいに長持ちする。3日に1度水を取り替える。

| 保存場所 | 冷蔵室 | 保存期間 | 7日 |

冷凍保存

小房に分け生のまま冷凍する

早めに使い切るなら生で冷凍してもOK。小房に分け、冷凍用保存袋に入れ冷凍する。凍ったまま炒め物やスープに加えたりして使いましょう。下茹でしてから冷凍すれば自然解凍で食べられます。

| 解凍方法 | 自然解凍・凍ったまま調理 | 保存期間 | 3〜4週間 |

ベジ RECIPE

カリフラワーとベーコンのマヨチーズ焼き

材料(2人分)とつくり方
冷凍カリフラワー(小房)½株分は熱湯でさっと茹でてボウルに入れる。1cm幅に切ったベーコン1枚分、マヨネーズ大さじ2、ピザ用チーズ40gを加えて混ぜ、耐熱皿に入れる。トースターで焼き色がつくまで焼く。

Part 1 葉野菜&発芽野菜

玉ねぎ

旬 4月〜6月・9月〜12月

選び方

🔘 CHECK
表面の茶色い皮が
しっかりと乾燥し
ツヤのあるもの

🔘 CHECK
頭部が小さく、
ぎゅっと
締まっているもの

常備野菜の代表格
幅広く使えて便利!

🔘 CHECK
丸くてかたく、
重みのあるもの

新玉ねぎを選ぶポイントは？

新玉ねぎは通年玉ねぎに比べ水分が多いのが特徴。傷みやすいので、表面に傷がなく、重みがあって、皮にツヤがあるものを。カビが付着していないかチェックしましょう。

ベジ MEMO

飴色玉ねぎを時短でつくる裏ワザ！

冷凍用保存袋にみじん切りにした玉ねぎを入れて冷凍し、凍ったままの玉ねぎをフライパンで炒めれば、5分で飴色玉ねぎに。冷凍すると組織が壊れるので、火の通りがよくなり、油も使わないのでヘルシーに仕上がります。

常温保存

新聞紙に包んで保存する

玉ねぎは湿気に弱いので、1〜2個ずつ新聞紙に包んでからカゴやネットに入れ、風通しのよい場所で保存する。夏場は傷みやすいので、野菜室で保存しましょう。

| 保存場所 | 風通しのよい室内 | 保存期間 | 2か月 |

冷蔵保存

ペーパーに包んで保存する

皮ごと、もしくは皮をむき、1個ずつペーパータオルで包んでポリ袋に入れる。玉ねぎに含まれる硫化アリルは冷えると揮発しなくなるので、野菜室で保存すれば涙が出にくくなる。

| 保存場所 | 野菜室 | 保存期間 | 2週間 |

冷凍保存

カットして生のまま冷凍する

丸ごと、くし形や薄切り、みじん切りなど、好きな大きさに切って冷凍用保存袋に入れ冷凍する。凍ったままスープや煮物、炒め物に、幅広く活躍する。

| 解凍方法 | 凍ったまま調理 | 保存期間 | 3〜4週間 |

玉ねぎの丸ごとレンジ蒸し

材料（1人分）とつくり方

冷凍玉ねぎ（丸ごと）1個は室温に3分ほど置いてから、縦4等分に切り込みを入れ、耐熱皿にのせる。白だし大さじ1をまわしかけ、バター10gをのせ、ふんわりとラップをして電子レンジで6〜7分加熱する。仕上げに、かつお節適量を振る。

Part 1 葉野菜&発芽野菜

長ねぎ

選び方

旬 11月～2月

ねぎの辛み成分が身体を温めてくれる！

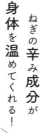

CHECK
葉先の緑色が鮮やか。白い部分がしっかりとかたく、みずみずしいもの

 冷蔵保存

切り口を水につけて保存する

ポリ袋や、筒状の容器に長さを合わせて切って入れ、水を3cmほど注ぎ、立てて保存する。表面の皮が乾かずに長持ちする。ねぎを使うたび、もしくは3日置きに水を取り替える。

| 保存場所 | 冷蔵室 | 保存期間 | 10～14日 |

 冷凍保存

切って生のまま冷凍する

冷凍用保存袋の大きさに合わせて切って入れ、冷凍する。ねぎは凍ったままでも切れるので、使う量だけ取り出して、斜め切りやぶつ切りにして調理する。

| 解凍方法 | 凍ったまま調理 | 保存期間 | 3～4週間 |

RECIPE ベジ

たっぷりねぎの卵うどん

材料（1人分）とつくり方
冷凍長ねぎ1本分は凍ったまま斜め薄切りにする。鍋に水400mlと白だし大さじ2を入れて火にかけ、沸騰したら冷凍うどん1玉とねぎを加え煮る。溶き卵を加え、器に盛り梅干し1個をのせる。

万能ねぎ

旬 通年

さまざまな料理に彩りを添えてくれる野菜！

選び方

💡 **CHECK**
全体にハリがあり葉先までピンとしているもの。根元の白さがはっきりしているもの

冷蔵保存

| カットして水に浸して保存する |  | 万能ねぎは保存容器の長さに合わせて切り、保存容器に入れ、かぶるくらいの水を注ぎ、蓋をして保存する。3日に1度水を取り替える。 |

| 保存場所 | 野菜室・冷蔵室 | 保存期間 | 8〜10日 |

冷凍保存

| 切って生のまま冷凍する |  | 3〜4cm長さに切って冷凍用保存袋に入れる。もしくは、小口切りにして使いやすい量ごとにラップで包み、冷凍用保存袋に。凍ったまま煮物や炒め物、冷奴やうどんのトッピングなどに便利。 |

| 解凍方法 | 凍ったまま調理 | 保存期間 | 3〜4週間 |

ベジMEMO

小口切りはキッチンバサミでラクちん！

万能ねぎの小口切りは、鍋やフライパンの上でキッチンバサミを使って切ればラクちん！　包丁を使って切るとまな板の上からコロコロと床に転がり、拾うのも面倒。洗いものも減らせますよ。ポリ袋を広げてまとめて切って保存も便利です。

Part 1 葉野菜&発芽野菜

もやし

選び方

旬 通年

CHECK
色が白く、
茶色く変色して
いないもの

CHECK
茎が太くて
ツヤとハリのあるもの

栄養豊富で財布にもやさしい！

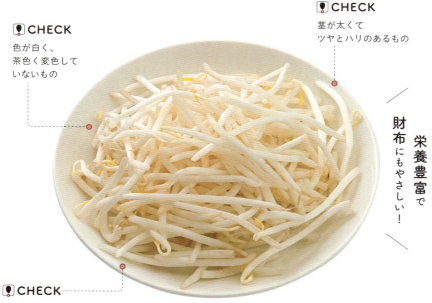

CHECK
ひげが短く
透明感のあるもの

豆つきもやしを選ぶポイントは？

豆がついているもやしは、豆の開き具合をチェック。開いていたり、黒ずんでいたりするものは避けましょう。

ベジMEMO

もやしのひげ根は取る？ 取らない？

もやしはひげ根に食物繊維が多く含まれているので、栄養的には取らない方がいいのですが、取った方が見た目も口当たりもよく仕上がります。もやしのひげ根は、栄養とおいしさ、どちらを優先するかで調理をしましょう。

冷蔵保存

開封前 | チルド室で保存する

もやしは水分が多く低い温度を好むので、2〜3日で使い切るなら購入した袋のまま、チルド室で保存する。

| 保存場所 | チルド室 | 保存期間 | 2〜3日 |

開封後 | 水に浸して保存する

もやしはひげ根から傷みやすいので、ひげ根を取って保存容器に入れる。かぶるくらいの水を注ぎ、蓋をして冷蔵室で保存。1〜2日に1度水を取り替える。

| 保存場所 | 冷蔵室 | 保存期間 | 7日 |

冷凍保存

ひげ根を取り生のまま冷凍する

冷凍するならひげ根を取り、冷凍用保存袋に入れ冷凍する。凍ったまま炒め物や煮物、スープなどに。購入した袋だけでの保存は冷凍に適していない。

| 解凍方法 | 凍ったまま調理 | 保存期間 | 2〜3週間 |

RECIPE

もやしとツナの卵とじ

材料（2人分）とつくり方

フライパンにだし汁150㎖、醤油・砂糖各大さじ½、酒大さじ1を入れ煮立て、冷凍もやし1袋分、ツナ1缶を缶汁ごと加えてひと煮する。もやしに火が通ったら、溶き卵2個を加えて軽く煮る。器に盛り、好みで七味唐辛子を振る。

Part 1 葉野菜&発芽野菜

豆苗

選び方

旬 通年

再生栽培ができ、安価で栄養価も抜群!

💡 **CHECK**
葉の緑が濃く鮮やかで、みずみずしく、全体にツヤとハリのあるもの

冷蔵 保存

水に浸して保存する

開封して残った豆苗は根元を切り離し、保存容器に入れ、かぶるくらいの水を注ぎ、蓋をして冷蔵室へ。3日に1度水を取り替え冷蔵室で保存する。未開封なら購入した袋のまま野菜室で立てて保存してよい。

| 保存場所 | 冷蔵室 | 保存期間 | 7日 |

冷凍 保存

根元を切り落として生のまま冷凍する

根元を切り落とし、冷凍用保存袋に入れ冷凍する。凍ったまま炒めたり、スープに加えたり。自然解凍をして水けを絞れば、おひたしや和え物に。豆苗は凍ったままでも切れます。

| 解凍方法 | 自然解凍・凍ったまま調理 | 保存期間 | 3〜4週間 |

MEMO

再生栽培で失敗しないコツ

豆苗をカットするときは、根元ぎりぎりからカットせず、わき芽の上(豆の上の小さな葉を2つ残した状態)でカットすると成長が安定します。根を水に浸し、日当たりのよい室内に置くと、7〜10日ほどで再収穫できます。水は毎日取り替えましょう。

かいわれ大根

旬 通年

辛みがクセになる代表的なスプラウト野菜!

選び方

 CHECK

葉の緑が濃く鮮やかで、みずみずしく、茎が白くまっすぐ伸びているもの

冷蔵保存

水を注いで保存する

購入したパック上のフィルムを取り、根元の部分（スポンジ）に少量の水を注ぎ、ラップをかけ保存する。3日に1度水を取り替える。

保存場所	野菜室・冷蔵室	保存期間	7日

冷凍保存

根元を切り落として生のまま冷凍する

根元を切り落とし、冷凍用保存袋に入れ冷凍する。凍ったまま炒めたり、スープに加えたり。自然解凍をして水けを絞れば、おひたしや和え物になります。

解凍方法	自然解凍・凍ったまま調理	保存期間	3～4週間

ベジMEMO

タネガラは水道の水圧で浮かせて取る

パックのフィルムを開けたら、水道の蛇口から直接パック内に強めの水を流し込みましょう。水を流しながらパックを数回揺らすと、タネガラが上に浮いてきて、水と一緒にパックの外に流されていきます。最後に根元部分を包丁やキッチンバサミで切り落とすだけです。

COLUMN 1

捨てたらもったいない！
皮や芯の活用方法

何げなく捨ててしまっていた野菜の皮や芯には、実は栄養がたくさん詰まっています。よく洗って汚れを落としたら、丸ごと調理や捨てずに活用してください。

にんじんの皮

にんじんは皮とその周辺にβ－カロテンなどの栄養素が多く含まれているので、皮をむかずに調理しましょう。葉にも根にはない栄養素がたっぷり含まれているので見つけたら積極的に購入を！

ブロッコリーの茎

茎にはビタミンや食物繊維などの栄養素がつぼみよりも多く含まれています。皮を厚めにむいたら芯を薄切りやみじん切りにして炒め物やスープに。つぼみとは違うシャキシャキ感が楽しめます。

しょうがの皮

しょうがの栄養素は皮のすぐ下に多く含まれているので、すりおろしたり、刻んだりするときは皮ごと調理を心がけましょう。乾燥しないように濡れたペーパーで包んでから保存すると長持ちします。

ピーマンのワタ＆タネ

ピーマンのワタとタネ。苦くても栄養がたっぷり含まれているので、丸ごと食べた方がお得。その量はなんと皮の10倍です。ワタつきの野菜炒めや肉詰めの他、丸ごと煮びたしもおすすめです。

Part ② 実野菜

鮮やかな色が特徴のトマトや茄子など
食卓で人気の実野菜をご紹介！

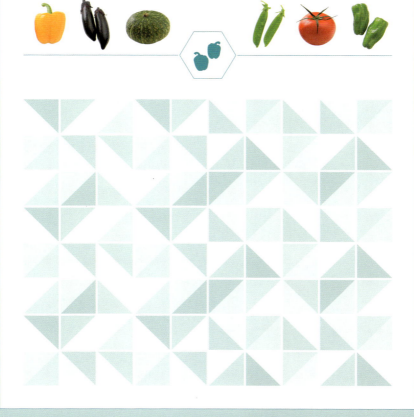

Part 2 実野菜

1週間、保存実験してみました！

ゴーヤー

ゴーヤーはそのままだとタネとワタに水分や栄養を取られてしまうので、縦半分に切ってワタとタネを取り除き、切り口にペーパータオルをかぶせてからラップで包めば、ほとんど変わりません。

そのまま保存

おいしく保存

パプリカ

ゴーヤーと同様、そのままだとタネとワタに水分や栄養を取られてしまうので、身が小さく縮み表面もしわしわに。ワタとタネを取り除き、切り口にペーパータオルをかぶせてからラップで包みましょう。

そのまま保存

おいしく保存

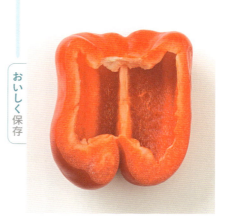

オクラ

ネットに入った状態でそのまま保存すると水分が抜けて身が縮んでしまい、ところどころに黒ずみが。数本ずつペーパータオルで包んでからポリ袋に入れれば表面も傷みにくく、ハリもキープされます。

そのまま保存

おいしく保存

きゅうり

水分が多く含まれているきゅうりは、そのままだと水分が抜けてしなしなに。きゅうり同士が直接触れないよう、ペーパータオルで1〜2本ずつ包みポリ袋に入れたら立てて保存。ハリもキープできます。

そのまま保存

おいしく保存

Part 2 実野菜

トマト

選び方

旬 6月〜9月

真っ赤で真ん丸 うれしい栄養もいっぱい！

CHECK
ヘタが緑色で
ピンとしているもの

CHECK
赤みが濃く、
皮にツヤとハリがあるもの

CHECK
しっかりとした
重みがあるもの

ミニトマトを選ぶポイントは？
ヘタは緑でピンとしたもの。実はツヤがあり色が濃く鮮やかなもの。傷や実割れしているものは避けましょう。

ベジMEMO

冷凍トマトは水にさらすだけで皮がむける

冷凍トマトは丸みのある方に軽く切り目を入れ、水にさらせば皮がツルンときれいにむけます。5分ほど室温に置いておくと切れるので、食感と見た目をよくしたいソースや煮込み料理におすすめです。ミニトマトでもできます。

冷蔵保存

トマト ペーパーで包んでからポリ袋

1個ずつペーパータオルで包み、ヘタを下にしてポリ袋に入れ、野菜室で保存する。冷やしすぎると甘みが弱くなるので、夏以外は常温保存でもOK。

| 保存場所 | 野菜室 | 保存期間 | 7～10日 |

ミニトマト 水につけて保存する

ミニトマトは重みでつぶれてしまうので保存容器にヘタ付きのまま入れて、かぶるくらいの水を注ぎ、プカプカと浮かせて保存する。3日に1度水を取り替える。

| 保存場所 | 野菜室 | 保存期間 | 7日 |

冷凍保存

丸ごと生のまま冷凍する

トマトもミニトマトも、ヘタ付きのまま丸ごと生のまま冷凍用保存袋に入れて冷凍する。凍ったまま切れ、水にさらすだけで皮がツルンときれいにむける。

| 解凍方法 | 自然解凍・凍ったまま調理 | 保存期間 | 2か月 |

RECIPE

冷凍トマトの冷やし中華

材料（2人分）とつくり方

冷凍トマト1個は室温に5分ほど置いてから角切りにする。冷やし中華の麺2玉は表示通り茹でてから水にさらし、水けを絞って器に盛り、付属のタレをまわしかける。錦糸卵適量、冷凍トマト、好みで大葉の千切りをのせる。

Part 2 実野菜

茄子

選び方

旬 6月〜9月

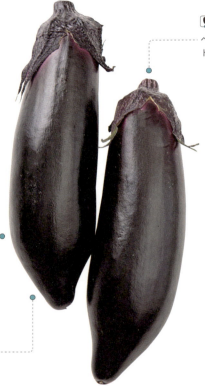

みずみずしい果肉ととろりとした**食感が人気！**

CHECK
ヘタがピンとして、トゲが鋭いもの

CHECK
皮の色が濃いもの

CHECK
ハリとツヤがあり、傷のないもの

鮮度が落ちるとタネが黒く変色します

茄子は鮮度が落ちるとタネが黒く変色します。傷んでいるわけではないので食べても問題ありません。

ベジMEMO

焼き茄子の皮をきれいにむく方法！

焼き茄子をつくる際、ヘタの周りにぐるりと浅く一周包丁を入れてから、縦に3〜4か所切り込みを入れ焼く。ヘタの切り込み部分から竹串や箸などで皮を下にひっぱると、ツルンと気持ちよく皮がむけます。

冷蔵保存

ペーパーで包んでからポリ袋

1～2本ずつペーパータオルで包み、ポリ袋に入れ、野菜室で保存する。冷やしすぎると低温障害を起こしタネが黒く変色してしまうので、なるべく早めに食べるように心がけましょう。

| 保存場所 | 野菜室 | 保存期間 | 7日 |

冷凍保存

丸ごと生のまま冷凍する

茄子は丸ごと冷凍用保存袋に入れて冷凍する。カットするよりも劣化が少なく、おいしく保存ができます。室温に5分ほど置けば凍ったまま切れるので便利。自然解凍をして水けを絞れば生でもいただけます。

| 解凍方法 | 自然解凍・凍ったまま調理 | 保存期間 | 2か月 |

茄子と鶏のおろし煮

材料（2人分）
冷凍茄子　2本
鶏もも肉　1枚
塩・コショウ　各少々
片栗粉　適量
三つ葉　適宜

A ┌ 大根おろし　300ml
　├ 醤油　大さじ1と½
　├ みりん　大さじ1
　├ 砂糖　小さじ1
　└ 顆粒和風だし　小さじ1
揚げ油　適量

つくり方
1　冷凍茄子は常温に5分ほど置いてから縦半分に切り、斜め3等分に切る。鶏肉はひと口大に切って塩・コショウをし、片栗粉をまぶす。
2　180℃の油で1分ほど茄子を素揚げし、続いて鶏肉を3～4分ほど揚げる。
3　鍋にAを入れて火にかけ、沸騰したら2を加えてさっと煮る。
4　器に盛り、あれば三つ葉を飾る。

Part 2 実野菜

きゅうり

選び方

旬 6月〜8月

CHECK
緑色が鮮やかで
ツヤとハリがあるもの

CHECK
できるだけ太さが
均一のもの

CHECK
イボがあるものは、
とがっていて
さわると痛いもの

CHECK
両端のかたいもの

みずみずしいきゅうりは、**全体の90%以上が水分**です!!

ベジMEMO

きゅうりの千切りはピーラーで美しく!

きゅうりの両端を切り、ピーラーできゅうりを縦に薄く切る。きゅうりを少しずらし、端から斜めに切れば、細くて美しいきゅうりの千切りが完成します。食感もやわらかくなるので、お子様や年配の方のお食事にもおすすめです。

冷蔵保存

ペーパーで包んでからポリ袋

きゅうり同士が直接触れないように、ペーパータオルの手前と奥に1本ずつ置いて巻き、ポリ袋に入れる。ペットボトルなどの空き容器にヘタを上にして入れ、野菜室に立てて保存する。ペーパーが濡れてきたら取り換えましょう。

| 保存場所 | **野菜室** | 保存期間 | **10〜14日** |

冷凍保存

塩もみして冷凍する

薄い輪切りにして塩もみし、しばらくなじませたら水けを絞る。1本分ずつなど、使いやすい量ごとにラップで包み、冷凍用保存袋に入れる。自然解凍して軽く水けを絞れば、ポテトサラダやちらし寿司、酢の物に使える。

| 解凍方法 | **自然解凍** | 保存期間 | **1か月** |

RECIPE

きゅうりとツナのマカロニサラダ

材料（作りやすい分量）
冷凍きゅうり（塩もみ）　2本分
ツナ缶　1缶
マカロニ　80g
オリーブオイル　小さじ1
A ┌ マヨネーズ　大さじ3〜4
　├ 粉チーズ　大さじ1
　├ 砂糖　ひとつまみ
　└ 塩・コショウ　各適量

つくり方
1　冷凍きゅうりは自然解凍し、軽く水けを絞る。ツナは缶汁をきっておく。
2　熱湯に塩適量（分量外）を入れ、表示通りマカロニを茹でて水けをきる。すぐにオリーブオイルをかけてくっつかないように混ぜ、粗熱を取る。
3　ボウルに1と2、Aを入れ混ぜ合わせ、器に盛る。

Part 2 実野菜

ピーマン

選び方

旬 6月～8月

独特な**苦み**と香りが**特徴**の健康野菜！

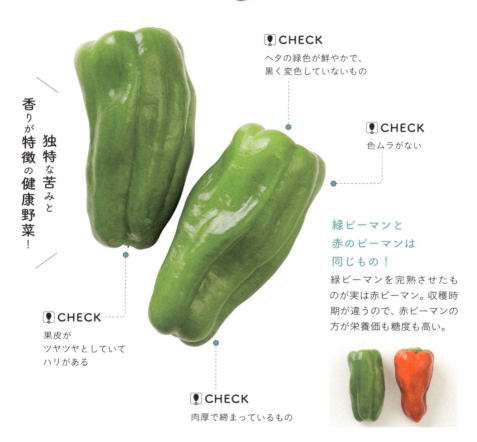

● CHECK
ヘタの緑色が鮮やかで、黒く変色していないもの

● CHECK
色ムラがない

● CHECK
果皮がツヤツヤとしていてハリがある

● CHECK
肉厚で締まっているもの

緑ピーマンと赤のピーマンは同じもの！

緑ピーマンを完熟させたものが実は赤ピーマン。収穫時期が違うので、赤ピーマンの方が栄養価も糖度も高い。

ベジ MEMO

ピーマンは切り方で食感が変わる!?

ピーマンは繊維に沿って縦に切ると細胞を壊さないので、食感がシャキシャキに。炒め物に向いています。薄い輪切りにすると食感がやわらかくなるので、生でいただくサラダや、食感や味わいを主張しない、ナポリタンやピザのトッピングにおすすめ。

冷蔵保存

ペーパーで包んでからポリ袋

2～3個ずつペーパータオルで包み、ポリ袋に入れ、野菜室で保存する。赤ピーマンは緑ピーマンに比べて日持ちがしないので、早めに使い切りましょう。同様の保存方法でも赤ピーマンの保存期間は1週間です。

保存場所	**野菜室**	保存期間	**2週間**

冷凍保存

生のまま丸ごと冷凍する

ピーマンは丸ごと冷凍用保存袋に入れて冷凍する。カットするよりも劣化が少なく、おいしく保存ができます。室温に5分ほど置けば凍ったまま切れるので便利。自然解凍をして水けを絞ればおひたしになります。

解凍方法	**自然解凍・凍ったまま調理**	保存期間	**1か月**

RECIPE

ピーマンの卵黄和え

材料（2人分）
冷凍ピーマン　4～5個
卵黄　1個
かつお節　適量
醤油　適量

つくり方
1　冷凍ピーマンは室温に5分ほど置いてから縦半分に切り、ヘタとタネを取る。
2　繊維を断ち切るように横5mm幅に切って自然解凍し、水けを絞る。
3　器に盛り、中心に卵黄をのせる。
4　かつお節を振り、醤油をかける。

パプリカ

旬 6月〜8月

選び方

CHECK
ヘタがピンとしていて果皮にハリがあり、肉厚で色ムラがないもの

甘くて肉厚、果物のようにカラフル！

冷蔵保存

タネを取りペーパーをかぶせて保存

パプリカはワタから傷むので、縦半分に切ってワタとタネを取る。切り口の水分を拭き取り、切り口にペーパータオルをかぶせてからラップで包むかポリ袋に入れて。切り口を下にして野菜室で保存する。

保存場所	**野菜室**	保存期間	**7〜10日**

冷凍保存

食べやすく切って生のまま冷凍する

パプリカは細切りや乱切りなど、食べやすく切って冷凍用保存袋に入れ、空気を抜いて冷凍する。凍ったまま炒め物やマリネ、自然解凍をして水けを絞ればおひたしになります。赤・黄パプリカをミックスして冷凍しても便利。

解凍方法	**自然解凍・凍ったまま調理**	保存期間	**1か月**

ベジ RECIPE

鶏とパプリカのレンジ蒸し

材料(2人分)とつくり方
鶏むね肉1枚は薄いそぎ切りにして耐熱ボウルに入れ、塩麹大さじ1をもみ込み冷蔵庫に30分ほど置く。冷凍パプリカ(細切り)赤・黄各¼個分を加え、ふんわりとラップをし、電子レンジで5分加熱する。

しし唐

旬 6月〜8月

夏にとりたい栄養素がいっぱい!!

選び方

💡 **CHECK**

ヘタを含め、全体的に緑色が鮮やかでツヤとハリがあるもの

冷蔵保存

ペーパーで包んでからポリ袋

まとめてペーパータオルで包み、ポリ袋に入れ、野菜室で保存する。ペーパーで包んでからポリ袋に入れることで乾燥と冷やしすぎを防げるので、おいしく長持ちします。

| 保存場所 | 野菜室 | 保存期間 | 7日 |

冷凍保存

丸ごと生のまま冷凍する

しし唐はヘタ付きのまま、丸ごと冷凍用保存袋に入れて冷凍する。カットするよりも劣化が少なく、おいしく保存ができます。凍ったまま竹串で数か所穴を開けて、炒め物や煮びたし、肉巻きなどに。

| 解凍方法 | 凍ったまま調理 | 保存期間 | 2か月 |

ベジRECIPE

しし唐とじゃこの炒め

材料（2人分）とつくり方

フライパンにごま油大さじ1を入れて中火にかけ、ちりめんじゃこ20gとしし唐を加えて炒める。焼き色がついたら火を止め、醤油と砂糖各大さじ1、にんにくのすりおろし½片分を加え絡める。

Part 2 実野菜

かぼちゃ

旬 7月〜9月

選び方

CHECK
ヘタが枯れていて、まわりがくぼんでいるもの

CHECK
皮にツヤがあり、濃い緑色

甘みがあってホクホク アレンジも豊富!!

CHECK
しっかりと重みのあるもの

「カットかぼちゃ」の選び方
切り口がみずみずしく、果肉の色が鮮やかでタネがふっくらしているものを選びましょう。

ベジMEMO

かぼちゃのタネは捨てないで！

かぼちゃのタネは捨てないで！　ワタを取って水洗いし、ペーパーで水けを拭きとってからザルに並べて一晩干す（電子レンジやトースターで乾燥させてもOK）。フライパンにバターを入れ、弱火でタネを炒め、砂糖とシナモンを振れば、おやつの完成です。

常温保存

丸ごと新聞紙で包む

丸ごと新聞紙で包み、風通しのよい涼しい場所に置く。きちんと保存することによってゆっくりと追熟され甘みが増していきます。

保存場所	**風通しのよい場所**	保存期間	**2〜3か月**

冷蔵保存

ワタを取りペーパーをかぶせて保存

切ったかぼちゃはワタとタネから傷むので、スプーンできれいに取る。切り口にペーパータオルをかぶせてから、ラップ、もしくはポリ袋に入れる。

保存場所	**野菜室**	保存期間	**8日**

冷凍保存

食べやすく切って生のまま冷凍する

タネを取り、一口大や薄切り、いちょう切りなど好きな大きさに切り、冷凍用保存袋に入れて冷凍する。凍ったままソテーや煮汁に加えて。マッシュして冷凍も便利です。

解凍方法	**凍ったまま調理**	保存期間	**1か月**

かぼちゃの メープルバター煮

材料(2人分)とつくり方
耐熱ボウルに冷凍かぼちゃ(角切り)200gを入れ、水100ml、メープルシロップ大さじ2、醤油小さじ1、バター5gを加え、ふんわりとラップをして電子レンジで5〜6分加熱し、味が染み込むまでしばらく置く。

Part 2 実野菜

ゴーヤー

選び方

旬 6月〜8月

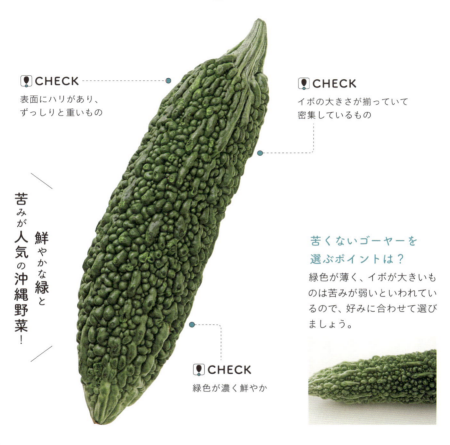

CHECK
表面にハリがあり、ずっしりと重いもの

CHECK
イボの大きさが揃っていて密集しているもの

CHECK
緑色が濃く鮮やか

鮮やかな緑と苦みが**人気の沖縄野菜**！

苦くないゴーヤーを選ぶポイントは？

緑色が薄く、イボが大きいものは苦みが弱いといわれているので、好みに合わせて選びましょう。

ベジMEMO

ゴーヤーの苦みは塩と砂糖で和らげる

ゴーヤーの苦みを和らげたいなら、塩＋砂糖でもむのが効果的。ゴーヤー1本に対して、塩小さじ½＋砂糖小さじ2を加えて軽くもみ、5〜10分ほど置いてからさっと流水で洗いましょう。野菜の水分を引き出す際に、苦みも一緒に取り除いてくれます。

冷蔵保存

ワタを取りペーパーをかぶせて保存

ゴーヤーはワタの部分から傷むので、縦半分に切ってワタとタネをスプーンできれいに取り除き、切り口にペーパータオルをかぶせてから、ラップで包み、切り口を下にして野菜室で保存します。

保存場所	野菜室	保存期間	7日

冷凍保存

食べやすく切って生のまま冷凍する

ワタとタネを取り除き、薄切りにして冷凍用保存袋に入れ、空気を抜いて冷凍する。凍ったまま炒め物やマリネに、自然解凍をして水けを絞ればおひたしになります。苦みが気になるなら、塩もみして水洗いしてから冷凍するのがおすすめです。

解凍方法	自然解凍・凍ったまま調理	保存期間	1か月

RECIPE

ベトナム風ゴーヤーの卵炒め

材料（2人分）
冷凍ゴーヤー
　（薄切り）　½本分
むき海老　80g
卵　3個
にんにく
　（薄切り）　½片分
サラダ油　大さじ1
黒コショウ　適量
A ┌ ナンプラー　小さじ1
　├ オイスターソース
　│　　　　　小さじ1
　└ 砂糖　小さじ1

つくり方
1　むき海老は背ワタを取ってボウルに入れる。酒小さじ1（分量外）を加えてもみ、流水で洗って水けをよく拭き取る。
2　ボウルに卵を割りほぐし、Aを加えよく混ぜておく。
3　フライパンにサラダ油とにんにくを入れ熱し、香りが出たら1と冷凍ゴーヤーを加え炒める。
4　火が通ったら2を流し入れ、半熟になったらヘラで上下を返すように炒める。
5　器に盛り、黒コショウを振る。

Part 2 実野菜

ズッキーニ

煮込みはもちろん生でもおいしい野菜です！

旬 6月〜8月

選び方

💡 **CHECK**
太すぎず均一で表面に傷がなく、ツヤがあり皮がやわらかいもの

冷蔵保存

ペーパーで包んでからポリ袋

1本ずつペーパータオルで巻いてから、ラップ、もしくはポリ袋に入れ、野菜室にヘタを上に立てて保存する。ペーパーで包んでからポリ袋に入れることで乾燥と冷やしすぎを防げるので、おいしく長持ちします。

| 保存場所 | 野菜室 | 保存期間 | 7日 |

冷凍保存

食べやすく切って冷凍する

輪切りや薄切りにして冷凍用保存袋に入れ、空気を抜いて冷凍する。凍ったまま炒め物や煮込み、フライやスープに。自然解凍をして水けを絞ればナムルや和え物になります。

| 解凍方法 | 自然解凍・凍ったまま調理 | 保存期間 | 1か月 |

ベジRECIPE

ズッキーニのポン酢炒め

材料（2人分）とつくり方
フライパンにオリーブオイル小さじ1を入れ中火にかけ、冷凍ズッキーニ（輪切り）1本分を並べて焼く。焼き色がついてズッキーニに火が通ったら、ポン酢大さじ1と½を加え煮絡める。

オクラ

選び方

かわいい星形と
ネバネバパワーで元気！

旬 6月〜9月

 CHECK
緑色が濃く鮮やかで、うぶ毛で覆われているもの。あまり大きすぎないもの

冷蔵 保存

ペーパーで包んでからポリ袋

まとめてペーパータオルで包み、ポリ袋に入れ、野菜室で保存する。ペーパーで包んでからポリ袋に入れることで乾燥と冷やしすぎを防げるので、おいしく長持ちします。

保存場所	野菜室	保存期間	7日

冷凍 保存

丸ごと生のまま冷凍する

オクラは生のまま冷凍用保存袋に入れて冷凍する。凍ったままでも切れるので、煮物や炒め物、肉巻きなどに。さっと茹でてから小口切りにし冷凍すれば、鮮やかな色がキープできるので、冷凍方法は好みで。

解凍方法	自然解凍・凍ったまま調理	保存期間	1か月

RECIPE

オクラとちくわのフライ

材料（2人分）とつくり方
ちくわ4本は長さを半分にし、冷凍オクラ8本をそれぞれのちくわの穴に入れる。小麦粉・卵・パン粉（各適量）の順に衣をつけ、170℃の油できつね色になるまで揚げ、好みでソースをかける。

Part 2 実野菜

インゲン

旬 6月～9月

副菜から付け合わせまで色鮮やかで歯応え豊か！

選び方

💡 CHECK
さやの先までピンとハリがあり、凸凹が少ないもの。

冷蔵保存

ペーパーで包んでからポリ袋

まとめてペーパータオルで包み、ポリ袋に入れ、ペットボトルの空き容器などを利用してヘタを上にして立てて保存する。ペーパーで包んでからポリ袋に入れることで乾燥と冷やしすぎを防げるので、おいしく長持ちします。

| 保存場所 | 野菜室 | 保存期間 | 7日 |

冷凍保存

丸ごと生のまま冷凍する

インゲンは生のまま冷凍用保存袋に入れて冷凍する。凍ったままでも好きな大きさに折れるので、煮物、炒め物、揚げ物などに。さっと茹でてから冷凍すれば、鮮やかな色がキープできるので、冷凍方法は好みで。

| 解凍方法 | 凍ったまま調理 | 保存期間 | 1か月 |

ベジMEMO

インゲンの色鮮やかなおいしい茹で方

インゲンはあれば筋を取り、塩適量で板ずりをしてから茹でると緑色が鮮やかに、和え物などにした際、味のしみこみもよくなります。茹で時間の目安は2分。氷水に10秒ほどさらすと、食感もよくなります。

絹さや

旬 4月〜5月

添えるだけで、料理の彩りが鮮やかに！

選び方

CHECK
ガクがいきいきとして全体にハリがあり、さやが薄くて豆が小さいもの

冷蔵保存

濡れたペーパーで包む

濡れたペーパータオルでまとめて包み、ポリ袋に入れる。濡れたペーパーで包むことで乾燥を防げるので、おいしく長持ちします。

| 保存場所 | 野菜室 | 保存期間 | 7日 |

冷凍保存

さっと茹でて冷凍する

生のまま冷凍しても問題ありませんが、茹でてから冷凍した方が色の鮮やかさをキープしてくれるのでトッピングに重宝します。筋を取り、熱湯で10秒ほど茹で冷水で冷まし、冷凍用保存袋に並べ冷凍します。

| 解凍方法 | 自然解凍・凍ったまま調理 | 保存期間 | 1か月 |

ベジRECIPE

絹さやの塩昆布和え

材料（2人分）とつくり方
冷凍絹さや（さっと茹でたもの）は40枚ほど自然解凍をしてボウルに入れ、塩昆布大さじ1、白いりごま小さじ1、ごま油小さじ½で和える。絹さやは千切りにして和えてもおいしい。

COLUMN 2

とうもろこしと枝豆の保存方法も学びましょう

とうもろこしと枝豆は収穫後から急速に栄養価や甘みが落ちてしまうので、長期保存したい場合は迷わず冷凍がおすすめです。旬の味わいをキープするために、素早く下処理しましょう。

とうもろこし
旬　6〜8月

選び方
皮の色が濃く、先端のヒゲが多いものほど粒も多い。ヒゲがしっとりとしていて濃茶色のものが新鮮。

冷凍保存
[保存期間1か月]
ヒゲと外側の汚れている葉を数枚取り、そのまま冷凍用保存袋に入れて空気を抜き冷凍室へ。凍ったまま熱湯で茹でるか、1本ずつラップで包み電子レンジで加熱調理しましょう。

枝豆
旬　6〜8月

選び方
さやが緑で産毛が濃く、実がふっくらしているもの。枝つきの枝豆は鮮度が落ちにくく日持ちする。

冷凍保存
[保存期間1か月]
キッチンバサミで枝から切り落とし、そのまま冷凍用保存袋に入れて空気を抜き冷凍室へ。塩を加えた熱湯に、凍ったまま加えて茹でるだけなので調理も簡単です。

Part ③
根菜&きのこ

土の中で育つ食物繊維たっぷりの根菜に
きのこ類をプラスしてご紹介！

Part 3 根菜&きのこ

1週間、保存実験してみました！

にんじん

常温保存のイメージがあるにんじんですが、常温でそのまま保存してしまうと水分が抜けてふにゃふにゃに。ペーパータオルで1本ずつ包み、ポリ袋に入れて野菜室に立てて保存すれば、ハリをキープしてくれます。

そのまま保存

おいしく保存

レンコン

そのままだと水分が抜け、切り口が黒く傷んだように。レンコンは保存容器に入れ、かぶるくらいの水を注いだら塩をひとつまみ加えて蓋をして保存すれば、みずみずしさと色をキープしてくれます。

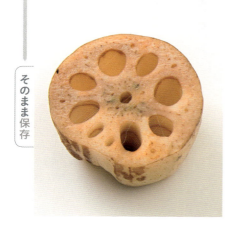

そのまま保存

おいしく保存

ごぼう

カットした洗いごぼうはそのままだと切り口から水分が抜けてしまうので、表面が黒ずみ、身が縮んで元気がない状態に。湿らせたペーパータオルか新聞紙で包んでからポリ袋に入れて野菜室で保存しましょう。

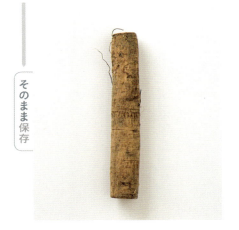

そのまま保存

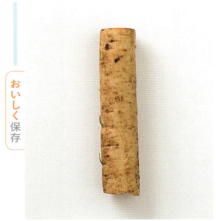

おいしく保存

しいたけ

購入したパックで保存していると水分で傷み、そのままだと乾燥で身が縮んでしまいます。しいたけは数個ずつペーパーで包んでから保存袋に入れましょう。身は肉厚のまま、1週間前とほぼ変化なし。

そのまま保存

おいしく保存

Part 3 根菜&きのこ

大根

選び方

旬 11月〜3月

冬を代表する家計にもやさしい根菜！

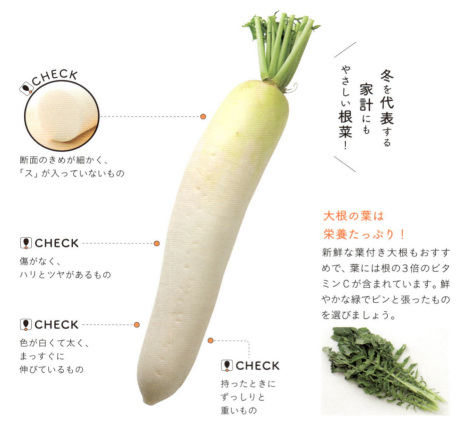

CHECK
断面のきめが細かく、「ス」が入っていないもの

CHECK
傷がなく、ハリとツヤがあるもの

CHECK
色が白くて太く、まっすぐに伸びているもの

CHECK
持ったときにずっしりと重いもの

大根の葉は栄養たっぷり！
新鮮な葉付き大根もおすすめで、葉には根の3倍のビタミンCが含まれています。鮮やかな緑でピンと張ったものを選びましょう。

大根は料理によって部位を使い分けて！

葉元はかためで甘みが強いので、サラダにおすすめ。中間はやわらかめで甘みと辛みのバランスがよいので煮物におすすめ。先端は水分が少なく辛みが強いので、大根おろしなどの薬味に向いています。

常温保存

新聞紙で包んで立てて保存

根の水分を葉に取られてしまうので、購入したらすぐに葉元を2cmほど残して切り落とし、新聞紙で包んで風通しのよい場所に立てて保存しましょう。

保存場所	風通しのよい場所	保存期間	1～2か月

冷蔵保存

葉と根を切り分けて保存する

根の水分を葉に取られてしまうので、使いやすく切り分けて切り口をペーパータオルで覆いポリ袋に入れる。葉元は湿らせたペーパーで包みラップで包むかポリ袋に入れる。

保存場所	野菜室	保存期間	3日（葉） 10日（根）

冷凍保存

食べやすく切って生のまま冷凍する

葉は小口切り、根は厚切りやいちょう切り、千切りなど使いやすい大きさに切って冷凍用保存袋に入れる。大根おろしにして冷凍しても便利。

解凍方法	自然解凍・凍ったまま調理	保存期間	1か月

RECIPE

スピードブリ大根

材料（2人分）とつくり方

ブリ2切れはひと口大に切り、熱湯をさっとまわしかける。鍋に水200ml、醤油大さじ1と½、みりん大さじ1、砂糖大さじ½、しょうがの薄切り2枚を入れ、沸騰したらブリと冷凍大根（いちょう切り）100gを加え、落とし蓋をして5分煮る。

Part 3 根菜&きのこ

かぶ

選び方

💡 **CHECK**
葉がみずみずしく、実は白くてハリがあり、丸々としているもの

甘くてみずみずしい、ほっこり野菜！

旬 3月～5月・11月～1月

冷蔵保存

葉と根を切り分けて保存する

実の水分を葉に取られてしまうので、葉と根を切り分ける。実はそれぞれペーパータオルで包んでからポリ袋に入れ保存する。葉元は湿らせたペーパータオルを巻き、ポリ袋に入れて立てて保存する。

| 保存場所 | 野菜室 | 保存期間 | 3日（葉） 10日（根） |

冷凍保存

食べやすく切って生のまま冷凍する

葉は3～4cm長さに切って冷凍用保存袋に入れる。実はくし形やいちょう切りなど、使いやすい大きさに切って冷凍用保存袋に入れる。凍ったまま炒め物や煮物、スープなどに。実はすりおろして冷凍しても便利。

| 解凍方法 | 自然解凍・凍ったまま調理 | 保存期間 | 1か月 |

ベジMEMO

かぶの皮ってむく？　むかない？

小さいかぶは皮がやわらかく、煮物などにした際に煮崩れてしまうので、皮をむかずに調理しましょう。逆に大きいかぶは皮がかたく、皮の近くにある筋が食感を悪くしてしまうので厚めに皮をむきましょう。むいた皮は捨てずに甘酢漬けにして活用を！

にんじん

選び方

色鮮やかで栄養たっぷりの常備野菜！

旬 9月〜12月

💡 **CHECK**
茎の切り口の軸が小さく、赤みが濃く鮮やかで、表皮がなめらかなものが新鮮

冷蔵 保存

ペーパーで包んで保存する

にんじんは湿気と乾燥に弱いので、表皮についた水けをよく拭き取ってから、ペーパータオルで1本ずつ包み、ポリ袋に入れて野菜室に立てて保存する。使いかけは切り口をペーパーで覆ってからラップで包みましょう。

保存場所	野菜室	保存期間	2〜3週間

冷凍 保存

食べやすく切って生のまま冷凍する

細切りやいちょう切りなど、好きな大きさに切ってから、冷凍用保存袋に入れ冷凍する。冷凍して1時間ほど経ったら取り出して振れば、固まらずに取り出しやすくなります。凍ったまま、煮物や汁物、炒め物に。

解凍方法	自然解凍・凍ったまま調理	保存期間	1か月

ベジ MEMO

にんじんの皮はむかないで調理しましょう！

にんじんは表皮の下に栄養がたっぷりあるので、皮はむかずに調理しましょう。実は、にんじんの皮は非常に薄く、出荷の際の洗浄ですでにむけているので、皮はむかなくても大丈夫。口当たりが気になるなら、包丁の背で軽くこそげ落とす程度でいいでしょう。

Part 3 根菜＆きのこ

じゃがいも

旬 4月〜6月・9月〜11月

選び方

主食にもなるお助け食材！
ホクホクでおいしい

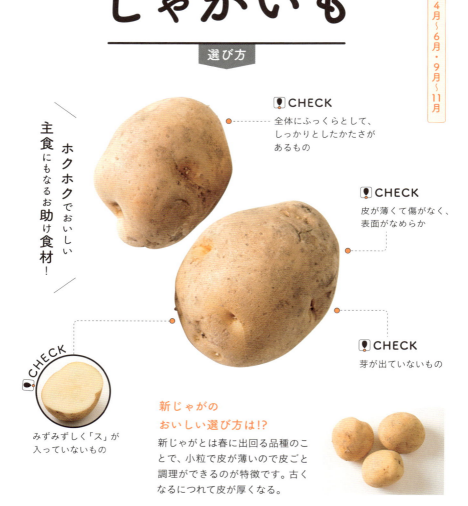

CHECK
全体にふっくらとして、しっかりとしたかたさがあるもの

CHECK
皮が薄くて傷がなく、表面がなめらか

CHECK
芽が出ていないもの

CHECK
みずみずしく「ス」が入っていないもの

新じゃがのおいしい選び方は!?
新じゃがとは春に出回る品種のことで、小粒で皮が薄いので皮ごと調理ができるのが特徴です。古くなるにつれて皮が厚くなる。

MEMO

マッシュして冷凍しても便利！

じゃがいもは茹でてからマッシュして冷凍しても便利。つぶして粗熱を取ったら冷凍用保存袋に平らに入れ、空気を抜いて保存します。菜箸で2等分や4等分など、筋を入れておくとさらに便利。自然解凍やレンジ解凍で戻し、サラダやポタージュなどに。

常温保存

新聞紙で包んで保存する

新聞紙で包んで風通しのよい場所で保存する。りんごと一緒に包むとエチレンガスの作用で発芽しにくくなる。室温が15℃を超えたら野菜室で保存を。

保存場所	風通しのよい場所	保存期間	3か月

冷蔵保存

ペーパーで包んで保存する

夏場は気温が高く発芽しやすいので、野菜室で保存しましょう。ただし低温に弱いので、1個ずつペーパータオルで包んでからポリ袋に入れて。

保存場所	野菜室	保存期間	1〜2か月

冷凍保存

丸ごと生のまま冷凍する

皮ごとよく洗い、ペーパータオルで水けを拭き取り、丸ごと冷凍用保存袋に入れて冷凍する。凍ったまま水から茹でれば、生から茹でたのと同じ食感になる。

解凍方法	凍ったまま調理	保存期間	1〜2か月

RECIPE

塩辛じゃがバター

材料（2人分）とつくり方
鍋に冷凍じゃがいも2個とかぶるくらいの水を入れて10〜15分ほど茹でる。じゃがいもに火が通ったら、十字に切り目を入れ、下の方を少し押しつぶして切り開く。バター各10gずつ、塩辛各大さじ1ずつのせる。

さつまいも

選び方

旬 9月〜11月

食物繊維が豊富で、秋の味覚の代表！

🔍 CHECK
皮の色が均一で鮮やか。ハリとツヤがあり、表皮に傷や黒ずみがないものが新鮮

常温保存

新聞紙で包んで保存する

土がついているものも、水洗いしたものも新聞紙に包んで風通しのよい場所で保存しましょう。冷やしすぎると甘みが薄れてしまいますが、室温が15℃を超えたら野菜室で保存しましょう。

| 保存場所 | 風通しのよい場所 | 保存期間 | 2週間 |

冷凍保存

食べやすく切って生のまま冷凍する

さつまいもは皮に栄養があるので、皮ごと食べやすい大きさに切って水に軽くさらし、水けをよく拭き取る。冷凍用保存袋に入れて、空気を抜いて保存する。凍ったまま煮物や天ぷら、炊き込みご飯などに。

| 解凍方法 | 凍ったまま調理 | 保存期間 | 1か月 |

ベジRECIPE

さつまいもスナック

材料（2人分）とつくり方
冷凍さつまいも（スティック状に切ったもの）1本分は、170℃の油で4〜5分ほどじっくり素揚げする。しっかりと油をきってからボウルに入れ、バターと砂糖各大さじ1を加えて和え、器に盛る。

長いも

調理方法によって色々なおいしさが楽しめる！

旬 11月～1月・3月～4月

選び方

CHECK
皮にハリがあり、切り口が変色しておらず、白くてみずみずしいもの

冷蔵 保存

切り口をペーパーで包んで保存する

カットした長いもは切り口から傷むので、ペーパータオルで切り口をしっかりと覆ってから輪ゴムで留めてポリ袋に入れる。

| 保存場所 | 冷蔵室・野菜室 | 保存期間 | 1か月 |

冷凍 保存

切って生のまま冷凍する

皮をむき、ラップで包んで冷凍用保存袋に入れて冷凍する。凍ったままでもすりおろせる。使いやすい大きさに切ったり、すりおろしたりして冷凍しても便利。自然解凍で戻し、とろろ汁や和え物に。

| 解凍方法 | 自然解凍・凍ったまま調理 | 保存期間 | 1か月 |

ベジMEMO

ポリ袋に入れて叩くだけでとろろが完成！

皮をむいた長いもをポリ袋に入れ、麺棒を使って形がなくなるまで上から叩きます。長いもをつぶし終えたら、ポリ袋のはじを切って、そこから絞り出しましょう。こうすれば、手がかゆくならずに簡単にとろろができ、袋を捨てるだけなので後片付けもラク。

Part 3 根菜&きのこ

里いも

ねっとり、とろ〜りがたまらない！

旬 9月〜11月

選び方

💡CHECK
泥付きで表面に多少湿り気があり、皮に傷やひび割れがないもの

冷蔵 保存

新聞紙で包んで保存する

洗ったものは天日で表面をよく乾かし、新聞紙で包んでからポリ袋に入れ野菜室で保存しましょう。泥付きのものなら常温保存が可能なので、新聞紙で包んで風通しのよい場所に置く。ただし、気温の高くなる夏場は野菜室へ。

| 保存場所 **野菜室** | 保存期間 **1週間**（泥なし） **3週間**（泥付き） |

冷凍 保存

丸ごと生のまま冷凍する

皮をよく洗い、キッチンペーパーで水分を拭き取るか、軽く天日干ししてから冷凍用保存袋に入れる。凍ったまま流水にあてれば簡単に皮がむける。皮をむき、食べやすく切ってから冷凍しても便利です。

| 解凍方法 **凍ったまま調理** | 保存期間 **1か月** |

ベジMEMO

里いもの皮むきはアルミホイルで簡単に！

アルミホイルを30cmほどに切って端からじゃばらに折り、クシャッと丸めます。こうすると凸凹ができて皮がむきやすくなります。このホイルで里いもの表面をこすって水洗いすれば、皮むきが簡単に。じゃがいもやごぼうなども同じ方法できれいにむけます。

ごぼう

選び方

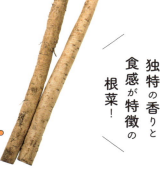

旬 11月〜1月

独特の香りと食感が特徴の根菜！

 CHECK
太さが均一でひげ根の少ないもの。
ひびがなく、泥付きの方が新鮮

冷蔵 保存

湿らせたペーパーで包んで保存する

洗いごぼうは、湿らせたペーパータオルで包んでポリ袋に入れて保存すると乾燥しない。カットされていない泥付きのものなら常温保存が可能なので、新聞紙で包んで風通しのよい場所に置く。ただし、気温の高くなる夏場は野菜室へ。

| 保存場所 | **野菜室** | 保存期間 | **1週間**（泥なし） **2週間**（泥付き） |

冷凍 保存

食べやすく切って冷凍する

凍ったままでも切れるので、袋の大きさに合わせてカット、もしくはささがきや薄切りにしてから水にさらし、ペーパーで水気を拭き取ってから冷凍用保存袋に入れる。凍ったまま、煮物や汁物、炒め物に。

| 解凍方法 | **凍ったまま調理** | 保存期間 | **1か月** |

ベジ RECIPE

ごぼうのピリ辛煮

材料（2人分）とつくり方
だし汁200㎖、みりん大さじ1、醤油大さじ⅔、砂糖大さじ½、赤唐辛子の小口切り1本分を鍋に入れて煮立て、沸騰したら冷凍ごぼう（ささがき）を加え、汁が少なくなるまで中火で煮る。

Part3 根菜&きのこ

レンコン

選び方

旬 11月〜2月

シャキシャキの歯ごたえが**魅力的**!

CHECK
切り口が白くて
みずみずしく、
穴の中が黒くないもの

CHECK
皮にツヤがあり、
色ムラや傷のないもの

CHECK
重量感があり、
まっすぐなもの

CHECK
肉厚でふっくらと
丸みがあるもの

ベジMEMO

レンコンを割らずにきれいな薄切りにする方法!

生のレンコンはかたいので、包丁で切ると切り口が割れてしまってきれいに切れません。そんなときは、レンコンを1〜2分ほど電子レンジで加熱しましょう。さくっと包丁が入るので、割れずに切ることができ、薄い輪切りもきれいです。

冷蔵保存

水につけて保存する

保存容器にレンコンを入れ、かぶるくらいの水を注ぎ、塩をひとつまみ加えて蓋をする。2日に1度水を取り替える。栄養素が水に流れやすいので、なるべく早く食べるように心がけましょう。

| 保存場所 | 野菜室・冷蔵室 | 保存期間 | 7日 |

冷凍保存

食べやすく切って冷凍する

薄切りや半月切り、乱切りなど、好きな大きさに切ってから2～3分ほど酢水につける。キッチンペーパーで水けを拭き取り、冷凍用保存袋に入れ、空気を抜いて冷凍する。凍ったまま煮物や、炒め物、スープなどに。

| 解凍方法 | 凍ったまま調理 | 保存期間 | 3～4週間 |

RECIPE

豚肉とレンコンの甘酢炒め

材料（2人分）
豚バラ薄切り肉　100g
冷凍レンコン（半月切り）　100g
小麦粉　適量
サラダ油　小さじ1
白いりごま　適宜
A ┌ 醤油　大さじ1
　├ 砂糖　大さじ1
　└ 酢　大さじ1

つくり方
1　豚肉はひと口大に切り、薄く小麦粉をまぶす。
2　フライパンにサラダ油を入れて中火で熱し、1と冷凍レンコンを入れ炒める。
3　火が通ったら、Aを加えて煮絡める。
4　器に盛り、好みで白ごまを振る。

Part 3 根菜&きのこ

しいたけ

選び方

旬 3月～5月・9月～11月

CHECK
カサの表が茶色で丸みのあるもの

CHECK
全体的によく乾いていて濡れていないもの

CHECK
カサが開きすぎず、裏のヒダが白くきれいなもの

CHECK
軸が太く肉厚なもの

低カロリーでうまみと香りがたっぷり!!

ベジMEMO

きのこの水洗いは基本的にNGです！

きのこは水で洗うと風味やうまみが落ちてしまうので、水洗いは基本的にNG。汚れなどがあれば、布巾やペーパータオルなどで軽く拭き取るだけにしましょう。生でいただくマッシュルームなどの汚れなら、流水でさっと洗ってもよいでしょう。

冷蔵保存

軸を上に向けて包んで保存

2〜3個ずつ軸を上にして、ペーパータオルで包み、ポリ袋に入れて冷蔵室で保存する。しいたけは軸を上に向けて保存することが長持ちするコツに。きのこは全般的に水けに弱いので、湿気対策が重要になります。

| 保存場所 | 冷蔵室 | 保存期間 | 7〜10日 |

冷凍保存

丸ごと生のまま冷凍する

冷凍するとうまみがUP。凍ったままでも切れるので、丸ごと生のまま冷凍がおすすめです。石づきを切り落として生のまま冷凍用保存袋に入れ、空気を抜いて冷凍する。凍ったまま食べやすく切って調理する。

| 解凍方法 | 凍ったまま調理 | 保存期間 | 1か月 |

RECIPE

牛肉としいたけの時雨煮風

材料（2人分）
冷凍しいたけ（丸ごと）　4枚
牛切り落とし肉　200ｇ
一味唐辛子　適宜
A ┌ 醤油　大さじ2
　├ 砂糖　大さじ2
　├ 酒　大さじ2
　└ しょうが（千切り）　½片分

つくり方
1　冷凍しいたけは凍ったまま軸を切り落として薄切りにし、牛肉はひと口大に切る。
2　耐熱ボウルに1とAを入れて軽くもむ。
3　ふんわりとラップをかけ、電子レンジで3分加熱し、取り出してよく混ぜる。
4　再度ラップを戻しかけ、もう1分加熱する。器に盛り、好みで一味唐辛子をふる。

しめじ

旬 通年

選び方

🔍 CHECK
全体にハリと弾力があり、カサが開きすぎていないもの

プリッとした食感で、和・洋問わず大活躍！

冷蔵保存

ペーパーで包んで保存する

きのこは水けに弱いので表面に水分があれば拭き取る。根元を下にしてペーパータオルに包み、ポリ袋に入れ冷蔵室で保存する。根元は切り落とさないことが長持ちのコツになる。

| 保存場所 | 冷蔵室 | 保存期間 | 7日 |

冷凍保存

根元を切って生のまま冷凍する

根元を切り落としてほぐし、生のまま冷凍用保存袋に入れ、空気を抜いて冷凍する。凍ったまま炒め物や煮物、鍋料理などに。凍ったままボウルに入れて調味し、レンジ加熱すればナムルが簡単にできる。

| 解凍方法 | 凍ったまま調理 | 保存期間 | 1か月 |

ベジMEMO

しめじの正しい切り方

しめじは株元から2つに裂き、包丁で根元をV字に切り落とすとムダがありません。開いた袋の上でハサミを使って切れば、包丁＆まな板いらず。石づきは袋ごと捨てればいいし、洗いものの手間もなくなるので便利です。

えのき

選び方

旬 通年

食物繊維が豊富でクセがないから食べやすい！

🔍 CHECK
全体的に白っぽくて軸が太く、シャキッとしたハリのあるもの

冷蔵 保存

ペーパーで包んで保存する

きのこは水けに弱いので表面に水分があれば拭き取る。根元を下にしてペーパータオルに包み、ポリ袋に入れ冷蔵室で保存する。根元は切り落とさないことが長持ちのコツになる。

| 保存場所 | **冷蔵室** | 保存期間 | **7日** |

冷凍 保存

根元を切って生のまま冷凍する

えのきは根元を切り落としてそのまま、もしくは半分に切って軽くほぐし、生のまま冷凍用保存袋に入れ、空気を抜いて冷凍する。使いたい量だけ取り出すこともできるので、凍ったまま炒め物や煮物、鍋料理などに。

| 解凍方法 | **凍ったまま調理** | 保存期間 | **1か月** |

RECIPE

えのきのたらこバター炒め

材料（2人分）とつくり方
フライパンにバター10gを入れ中火で熱し、冷凍えのき½株分を加え炒める。薄皮を取ったたらこ30gを加え、醤油適量で調味し器に盛る。好みで万能ねぎの小口切りを散らす。

Part 3 根菜＆きのこ

エリンギ

選び方 軸が白くて太く、弾力とかたさのあるものが新鮮

旬 通年

冷蔵保存 ペーパーで包んで保存する

表面に水分があれば拭き取り、ペーパータオルで包んでポリ袋に入れる。

保存場所	保存期間
冷蔵室	7日

冷凍保存 丸ごと生のまま冷凍する

凍ったままでも切れるので丸ごと冷凍用保存袋に入れ冷凍する。

解凍方法	保存期間
凍ったまま調理	1か月

ベジ MEMO

エリンギの薄切りと松茸のお吸いものの素でごはんを炊けば松茸ごはん風に！

まいたけ

選び方 カサが肉厚で、弾力と、ピンとしたハリのあるものが新鮮

旬 通年

冷蔵保存 ペーパーで包んで保存する

表面に水分があれば拭き取り、ペーパータオルで包んでポリ袋に入れる。

保存場所	保存期間
冷蔵室	7日

冷凍保存 裂いて生のまま冷凍する

手で食べやすい大きさに裂いて、生のまま冷凍用保存袋に入れ冷凍する。

解凍方法	保存期間
凍ったまま調理	1か月

ベジ MEMO

天日干しすると香りとうまみがUPし、長持ちします。

株採りなめこ

選び方 カサの大きさが均一で、光沢がありぬめりが強いもの

旬 10月〜11月（天然）

冷蔵保存
ペーパーで包んで保存する

株付きのまま、ペーパーで包んでからポリ袋に入れチルド室で保存する。

保存場所	保存期間
チルド室	7日

冷凍保存
根元を切って生のまま冷凍する

根元を切り落としてほぐし、生のまま冷凍用保存袋に入れ、空気を抜く。

解凍方法	保存期間
凍ったまま調理	1か月

ベジMEMO
真空タイプのなめこも、購入した袋のままチルド室で保存すると長持ちします。

マッシュルーム

選び方 表面に傷がなく、カサがツルツルでよく締まっているもの

旬 通年

冷蔵保存
ペーパーで包んで保存する

表面に水分があれば拭き取り、ペーパータオルで包んでポリ袋に入れる。

保存場所	保存期間
冷蔵室	7日

冷凍保存
丸ごと生のまま冷凍する

凍ったままでも切れるので丸ごと冷凍用保存袋に入れ冷凍する。

解凍方法	保存期間
凍ったまま調理	1か月

ベジMEMO
白はまろやかで上品な味わい。茶は香りが強く味も濃いのが違いです。

COLUMN 3

野菜高騰に負けない！家計にやさしいアイデア

天候不順で野菜の価格が高騰！ そんなニュースが流れたら、スーパーでいつもの野菜に手を出すのはちょっとやめて、価格が安定している野菜や代用野菜を活用しましょう。

豆苗
安価な水耕栽培の野菜の中で最近、もやしをしのぐ人気となっているのが、栄養豊富で色鮮やかな豆苗。β-カロテンはブロッコリーの5倍以上。生のままサラダとしても食べられるので便利。

トマト缶
野菜の中で最も売れているのが、用途の広いトマト。高値のときは、1缶100円程度のトマト缶で代用がおすすめです。甘みが増す煮込み料理が定番ですが、生のまま酸味を楽しんでも◎。

市販のカット野菜
レタスやキャベツなどの葉野菜が1個200円を超えたら、市販のカット野菜を選びましょう。下処理がしてあるので調理がラク。サラダ以外にも炒めたり、煮たりと幅広く活用できます。

市販の冷凍野菜
筑前煮など複数の野菜を使う場合、冷凍ミックスタイプを使えば、高い野菜を諦めなくても一袋でOK。使いかけはクリップなどで袋の口を閉じ、冷凍用保存袋に入れて風味が落ちない工夫をしましょう。

Part ④
香味野菜&フルーツ

さわやかな香りが特徴の香味野菜に
フルーツをプラスしてご紹介！

Part 4 香味野菜&フルーツ

1週間、保存実験してみました！

しょうが

しょうがは皮に香りと栄養があるので丸ごと使うのがベスト。そのままだと表面が乾燥をして身が縮んでしまいます。濡らして軽く絞ったペーパータオルで覆ってからラップで包み、チルド室で保存が◎。

そのまま保存

おいしく保存

大葉

購入した袋のままだと庫内の乾燥で水分が抜け葉がしなしなに。空き瓶などに少量の水を注いで大葉の軸を挿し、蓋かラップをして保存すれば、鮮度とハリ、そして香りもキープしてくれます。

そのまま保存

おいしく保存

バジル&ミント

そのままだと乾燥でしなしなになり、葉先も黒く変色してしまいます。保存容器に湿らせたペーパータオルを敷き、バジルやミントを入れて蓋をすれば緑の鮮やかさをキープし、フレッシュさも維持できます。

そのまま保存

おいしく保存

いちご

購入したパックのまま保存すると、重みで黒く変色したり、水分が抜けて身がひとまわり小さくなったり。ヘタを下にして重ならないようにアルミホイルで包めば、大きさも変わらずハリもキープ。

そのまま保存

おいしく保存

Part 4 香味野菜&フルーツ

しょうが

選び方

旬 6月～8月

独特な香りと辛みが魅力の香味野菜！

CHECK
色が均一で光沢があるもの

CHECK
縞模様が等間隔

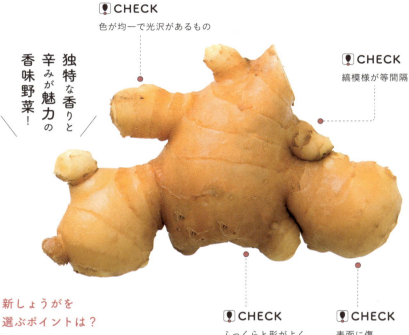

CHECK
ふっくらと形がよくハリのあるもの

CHECK
表面に傷、切り口にカビや干からびがないもの

新しょうがを選ぶポイントは？

初夏から夏の終わりにかけてスーパーに並ぶのが、新しょうが。白くてツヤがあり、茎のつけ根が鮮やかな紅色をしているものがおすすめです。日持ちがしないので、甘酢漬けなどにして保存しましょう。

ベジMEMO

おろし金にアルミホイルですりおろしが簡単！

しょうがはおろし金にアルミホイルを敷いてすりおろしましょう。アルミホイルごと取り外せるので、おろし金にしょうがの繊維が引っかからず後片付けがラク。また、アルミホイルをギュッと折りたためば、絞り汁だけを使うこともできます。

冷蔵保存

丸ごと・1片

濡れたペーパーで包んでチルド室

ペーパータオルを濡らして軽く絞り、しょうがを包む。1片ずつカットしたものも同様に。さらにラップで包んでから、チルド室で保存する。濡らしたペーパータオルは1週間おきに取り替える。

保存場所	チルド室	保存期間	3週間

冷凍保存

使いやすく切って冷凍する

1片ずつ、薄切り、千切り、すりおろしなど、使いやすい大きさに切ってラップで包み、冷凍用保存袋に入れ冷凍する。凍ったままでもすりおろせる。

解凍方法	自然解凍・凍ったまま調理	保存期間	1〜2か月

RECIPE

豚肉の甘酢しょうが丼

材料（2人分）
豚バラ薄切り肉　150g
玉ねぎ　¼個
ごはん　茶碗2杯
万能ねぎ　適宜
A ┌ 醤油　大さじ1と½
　├ はちみつ　大さじ1
　├ 酢　大さじ1
　└ 冷凍しょうが（すりおろし）　1片分

つくり方
1　豚肉はひと口大に切り、玉ねぎは薄切りにする。
2　耐熱皿に1を混ぜ合わせて並べ、Aをかける。
3　ふんわりとラップをかけて電子レンジで4分加熱し、取り出してひと混ぜし、ふんわりとラップを戻しかけてもう1分加熱する。
4　ごはんに3をのせ、好みで万能ねぎを散らす。

Part4 香味野菜&フルーツ

にんにく

選び方

旬 5月〜7月

疲労回復に効果的で独特なニオイがクセになる！

CHECK
1片ずつ均等に膨らんでいるもの

CHECK
粒が大きく、かたくてしまりのあるもの

CHECK
ずっしりと重いもの

CHECK
外皮は白く、芽が出ていないもの

ベジMEMO

にんにくの薄皮を1株まとめてむく方法

にんにくの醤油漬けやにんにく味噌など、にんにくを1株まとめて調理するとき、皮をむくのってちょっぴり面倒。そんなときは、にんにくの根元を少し切り落とし、ラップをしないで電子レンジで30秒ほど加熱。にんにくの先端を持つと、するっと実が落ちてきます。

冷蔵保存

ペーパーで包んでチルド室 〈丸ごと・1片〉

丸ごとはペーパータオルで全体を包む。1片ずつなら薄皮付きのまま、まとめてペーパータオルで包む。ポリ袋に入れ、チルド室で保存する。低温で保存すると芽が出にくい。

| 保存場所 | チルド室 | 保存期間 | 2〜3か月 |

冷凍保存

使いやすく切って冷凍する

1片ずつ、薄切り、千切り、すりおろしなど、使いやすい大きさに切って少量ずつラップで包み、冷凍用保存袋に入れる。凍ったままでもすりおろせる。

| 解凍方法 | 自然解凍・凍ったまま調理 | 保存期間 | 1〜2か月 |

タコと丸ごとにんにくのアヒージョ

材料（2人分）
冷凍にんにく（1片）　6個
冷凍にんにく（みじん切り）　1片分
ゆでダコ　60g
パセリ（みじん切り）　適量
バゲット（1cm厚さに切る）　4枚
A ┌ オリーブオイル　100㎖
　│ 塩　小さじ⅓
　└ 赤唐辛子（小口切り）　1本分

つくり方
1　ゆでダコはひと口大に切る。
2　鍋にAと冷凍にんにくをすべて入れて弱めの中火にかけ、3〜4分ほど煮る。
3　タコを加えてひと煮する。
4　パセリを振り、トーストしたバゲットを添える。

Part 4 香味野菜&フルーツ

みょうが

選び方

旬 6月〜10月

シャキッとした食感と爽やかな香りで食欲増進！

🍃 CHECK
全体にふっくらと丸みがあり、傷がなく、締まっているもの

 冷蔵 保存

| 水に浸して保存する |  | 保存容器にみょうがを並べ、ひたひたになるまで水を注ぎ、蓋をして保存する。3日に1度水を取り替える。 |

| 保存場所 | **野菜室・冷蔵室** | 保存期間 | **7日** |

 冷凍 保存

| 丸ごと生のまま冷凍する |  | みょうがは凍ったままでも切れるので、丸ごと冷凍用保存袋に入れて冷凍する。凍ったままマリネ液に漬けてピクルスに。薬味などに重宝するので、使いやすい大きさに切って冷凍も便利です。 |

| 解凍方法 | **自然解凍・凍ったまま加熱調理** | 保存期間 | **1か月** |

ベジ RECIPE

みょうがの混ぜおにぎり

材料（2個分）とつくり方
冷凍みょうが1本は室温に3分ほど置き、縦半分に切ってから斜め薄切りにしてボウルに入れる。すし酢小さじ1を加えて10分置き、茶碗2杯分のごはんと白いりごま小さじ1を加えて混ぜ、おにぎりにする。

大葉

選び方

旬 7月～10月

爽やかな香りとスッキリとした風味が特徴！

🔍 **CHECK**
香りが強く色鮮やかで、葉先がピンとしていてみずみずしいもの

冷蔵保存

軸を水に挿して保存する

空き瓶などに少量の水を注いで大葉の軸を挿し、蓋かラップをして保存する。4～5日に1度水を取り替える。葉に水がつくと傷むので注意しましょう。

| 保存場所 | 冷蔵室・野菜室 | 保存期間 | 2～3週間 |

冷凍保存

軸を取り生のまま冷凍する

軸を取り、そのまま冷凍用保存袋に入れて冷凍する。凍ってから手でもみほぐすと細かくバラバラになるので、冷奴やパスタなどのトッピングにもおすすめです。

| 解凍方法 | 凍ったまま使う | 保存期間 | 3～4週間 |

ベジMEMO

大葉の細切りはハサミで切れば簡単

大葉の細切りは、軸を取ってから葉を横向きにクルクルと巻き、端から細くハサミで切れば簡単。冷奴やパスタなどの仕上げに加えるなら、料理の上でカットして。包丁もまな板も使わないので洗いものが減らせます。

Part 4 香味野菜＆フルーツ

柚子

選び方

旬 10月〜12月

爽やかな香りで日本を代表する柑橘！

CHECK
皮にハリがあり、ヘタの切り口が茶色くなっていないもの。鼻に近づけたときに爽やかな香りがするもの

冷蔵保存

ペーパーで包んでから保存袋

1個ずつペーパータオルで包み、ラップ、もしくはポリ袋に入れて野菜室へ。柚子は香りが命なので、すぐ使わない場合や使いかけは冷蔵するより冷凍を。

| 保存場所 | 野菜室 | 保存期間 | 10日 |

冷凍保存

丸ごと生のまま冷凍

柚子の皮は細かく刻んでしまうと香りが飛んでしまうので、1個ずつ丸ごとラップで包み冷凍用保存袋に。使うときは凍ったままの果皮を必要な分だけ切り分け、残った分は冷凍室に戻します。果汁はアルミカップで冷凍を。

| 解凍方法 | 凍ったまま使う | 保存期間 | 3〜4か月 |

ベジMEMO

果皮の汚れは塩で落とす

柚子の皮を料理に使うときに気になるのが、果皮についたワックスや農薬。洗ってそのまま使っても問題はありませんが、少量の塩を使ってこすり洗いするときれいに落ち、柚子の色が鮮やか＆香りも強くなります。お風呂に浮かべるときにもぜひ！

レモン

旬 12月〜1月

柑橘類トップのビタミンCで疲労回復に効果あり！

選び方

💡CHECK
皮にツヤとハリがあり、軽く押さえたときに弾力のあるもの。皮を使いたいなら国産を！

冷蔵保存

ペーパーで包んでから保存袋

1〜2個ずつペーパータオルで包み、ラップ、もしくはポリ袋に入れて野菜室に。カットしたものは切り口にペーパータオルをかぶせ、全体をラップで包む。カットしたレモンの保存期間は1週間。

保存場所 **野菜室**	保存期間 **2〜3週間**

冷凍保存

使いやすく切って冷凍する

レモンはくし形切りや輪切りにして、ラップに重ならないように並べて包み、冷凍用保存袋に入れる。果汁はアルミカップや製氷皿に入れ、凍ったら冷凍用保存袋に移す。使うときはどちらも自然解凍でOK。

解凍方法 **自然解凍**	保存期間 **2か月**

ベジMEMO

大量にレモン汁を絞るならコロコロ＆ブスブス

丸ごとのレモンを平らな台の上に置き、手のひらで軽くコロコロと数回転がします。それからレモンを半分にカットし、フォークで果肉部分を何度かブスブスと刺します。この作業をすると、驚くほど簡単にたっぷりの果汁を絞ることができます。

Part 4 香味野菜&フルーツ

パクチー
（香菜）

旬 3月〜6月

好きな人にはたまらない
クセのある香りがやみつきに！

選び方

CHECK
葉がみずみずしく、色と香りが強いもの。茎は太すぎず、しなやかで弾力があるもの

冷蔵保存

湿らせたペーパーと一緒に保存

パクチーは水に2〜3分ほどさらしてからしっかりと水けを拭く。保存容器に湿らせたペーパータオルを敷き、パクチーを入れて蓋をする。根元に濡れたペーパーを巻いたり、根元を水に挿したりしてもよい。

| 保存場所 | 冷蔵室・野菜室 | 保存期間 | 2週間 |

冷凍保存

葉と茎に分けて冷凍する

葉と茎に切り分け、葉はざく切りにして冷凍用保存袋に入れて冷凍する。凍ってから手でもみほぐすと細かくパラパラになるので、スープなどのトッピングに。茎や根は凍ったまま刻んで、餃子や肉団子の具に。

| 解凍方法 | 凍ったまま使う | 保存期間 | 1か月 |

ベジ RECIPE

パクチー醤油

材料（作りやすい分量）とつくり方
煮沸した保存容器に冷凍パクチーの葉と凍ったまま刻んだ茎1〜2束分、にんにくのみじん切り1片分、醤油100㎖、ごま油適量を注ぎ一晩置く。冷奴や卵かけごはんなどにかけて。保存期間は1週間。

パセリ

旬 3月〜1月

料理の名脇役ですが、豊富な**栄養素**の持ち主！

選び方

💡 **CHECK**
葉がみずみずしく、緑色が鮮やかなもの。茎はもちろん、葉先までシャキッとしたもの

冷蔵保存

水に挿して保存する

水を入れたグラスに挿してポリ袋をかぶせ、輪ゴムで留める。冷蔵室・野菜室保存の他、ドアポケットに置いてもOK！

| 保存場所 | 冷蔵室・野菜室 | 保存期間 | 3週間 |

冷凍保存

葉と茎に分けて冷凍する

葉と茎に切り分け、冷凍用保存袋に入れて冷凍する。葉は凍ってから手でもみほぐすと細かくパラパラになるので、タルタルソースやコロッケ、トッピングなどの様々な料理に使える。茎は煮込みやスープの風味づけに。

| 解凍方法 | 凍ったまま使う | 保存期間 | 1か月 |

 MEMO

残ったパセリはドライハーブに！

使い切れないことが多いパセリはドライハーブにしましょう。葉を摘み、耐熱皿の上にペーパータオルを敷いて並べる。電子レンジで3分ほど加熱し、手でもんで細かくしたら完成。粗熱が取れたら容器に入れましょう。保存期間は2〜3週間。

バジル

| 選び方 | 緑色が鮮やかで、葉がみずみずしいものが新鮮 |

 冷蔵保存　湿らせたペーパーと一緒に保存

保存容器に湿らせたペーパータオルを敷き、バジルを入れて蓋をする。

保存場所	保存期間
冷蔵室・野菜室	10日

 冷凍保存　小分けにして生のまま冷凍

小分けにしてラップで包み、冷凍用保存袋に入れて冷凍する。

解凍方法	保存期間
凍ったまま使う	1か月

 MEMO

松の実やにんにく、塩などと合わせてバジルペーストにしても長持ちします。

ミント

| 選び方 | 葉がみずみずしく、全体的にハリのあるものが新鮮 |

 冷蔵保存　湿らせたペーパーと一緒に保存

保存容器に湿らせたペーパータオルを敷き、ミントを入れて蓋をする。

保存場所	保存期間
冷蔵室・野菜室	10日

 冷凍保存　小分けにして生のまま冷凍

小分けにしてラップで包み、冷凍用保存袋に入れて冷凍する。

解凍方法	保存期間
凍ったまま使う	1か月

 MEMO

製氷皿にミントの葉と水を入れて凍らせたミント氷もおすすめ。ドリンクに浮かべて！

イタリアンパセリ

選び方 緑色が鮮やかで、葉先までピンとしているものが新鮮

 冷蔵 保存

湿らせたペーパーと一緒に保存

保存容器に湿らせたペーパータオルを敷き、イタリアンパセリを入れて蓋をする。

保存場所	保存期間
冷蔵室・野菜室	10日

 冷凍 保存

小分けにして生のまま冷凍

小分けにしてラップで包み、冷凍用保存袋に入れて冷凍する。

解凍方法	保存期間
凍ったまま使う	1か月

 MEMO

パセリと同様、イタリアンパセリもドライハーブにする保存もおすすめ。

ローズマリー

選び方 色が濃く鮮やかで、葉が肉厚なものが新鮮

 常温 保存

水に挿して保存する

水を入れたグラスに挿して室内に置き、定期的に水を替える。

保存場所	保存期間
室内	2週間

 冷凍 保存

小分けにして生のまま冷凍

小分けにしてラップで包み、冷凍用保存袋に入れて冷凍する。

解凍方法	保存期間
凍ったまま使う	1か月

 MEMO

オリーブオイルに漬けてハーブオイルにする保存方法もおすすめ。

Part 4 香味野菜&フルーツ

バナナ

選び方 全体が黄色で傷みがなく、つけ根がしっかりとしているもの

 冷蔵保存

1本ずつラップで包み保存袋に入れる

1本ずつラップで包みポリ袋に。皮が黒くなっても中身は熟成が進まない。

保存場所	保存期間
野菜室	10日

 冷凍保存

輪切りにして冷凍用保存袋に並べる

皮をむき輪切りにして、重ならないように冷凍用保存袋に並べる。

解凍方法	保存期間
自然解凍・凍ったまま	1か月

 MEMO

常温保存ならS字フックなどを利用して房を吊るすと傷みにくく長持ちします。

いちご

選び方 赤い色が鮮やかで傷がなく、ヘタの色が緑色で濃いもの

 冷蔵保存

重ならないようにヘタを下にして並べて包む

水洗いせず、アルミホイルに重ならないようにヘタを下にして並べて包む。

保存場所	保存期間
冷蔵室・野菜室	7日

 冷凍保存

砂糖をまぶして冷凍用保存袋に入れる

ヘタを取り、全体に砂糖をまぶして冷凍用保存袋に入れる。

解凍方法	保存期間
自然解凍・凍ったまま	1か月

 MEMO

ヘタを取ってから水で洗うとビタミンCが流出してしまうのでつけたまま洗って。

りんご

選び方 お尻の方までしっかりと赤く色づいているもの

冷蔵保存 ポリ袋に二重に入れて保存する

ポリ袋を二重にすることで、エチレンガスを出さずに冷やしすぎも防止できる。

保存場所	保存期間
野菜室	1か月

冷凍保存 食べやすく切って冷凍用保存袋に並べる

食べやすく切って薄い塩水にさらし、冷凍用保存袋に並べる。

解凍方法	保存期間
自然解凍・凍ったまま	1か月

ベジMEMO

りんごを軽く煮詰めてコンポートにして冷凍するのもおすすめです。

みかん

選び方 皮のオレンジ色が濃く鮮やかで、ヘタが小さいもの

冷蔵保存 ペーパーで包んでから保存袋

1個ずつペーパータオルで包み、ポリ袋に入れる。

保存場所	保存期間
冷蔵室・野菜室	1か月

冷凍保存 水で濡らしてから冷凍する

一度冷凍し、水で濡らしてから再凍結させる。冷凍用保存袋に入れる。

解凍方法	保存期間
自然解凍・凍ったまま	2か月

ベジMEMO

水で濡らして再凍結させるのは、氷の膜をつくって乾燥を防ぐためです。

Part 4 香味野菜&フルーツ

キウイ

選び方 薄茶色で産毛がびっしりとついていて、しわのないもの

冷蔵保存 ポリ袋に入れて保存する

追熟や乾燥を防ぐために、ポリ袋に入れて野菜室で保存する。

保存場所	保存期間
野菜室	2〜3週間

冷凍保存 食べやすく切って冷凍用保存袋に並べる

皮をむいて食べやすく切り、冷凍用保存袋に重ならないように並べる。

解凍方法	保存期間
自然解凍・凍ったまま	1か月

MEMO
追熟したいときは、エチレンガスの出るりんごと一緒にポリ袋に入れて保存して！

オレンジ・グレープフルーツ

選び方 皮にハリがあり、ずっしりと重いもの

冷蔵保存 ポリ袋に入れて保存する

乾燥を防ぐために、ポリ袋に入れて保存する。

保存場所	保存期間
野菜室	1か月

冷凍保存 果肉を冷凍用保存袋に並べる

どちらも房から果肉を取り出し、冷凍用保存袋に重ならないように並べる。

解凍方法	保存期間
自然解凍・凍ったまま	1か月

MEMO
オレンジは皮付きのまま輪切りにして冷凍すれば氷代わりに！

ブルーベリー

| 選び方 | 粒が大きくてハリがあり、皮の色が濃いもの |

冷蔵保存

洗わずペーパーで包んで保存する

水分が腐敗の原因になるので洗わず、ペーパーで包んで容器で保存する。

保存場所	保存期間
冷蔵室・野菜室	10日

冷凍保存

そのまま冷凍用保存袋に入れる

水洗いをしたら、水けをペーパータオルで拭き冷凍用保存袋に入れる。

解凍方法	保存期間
自然解凍・凍ったまま	2〜3か月

表面の白い粉はブルームと呼ばれるもので、新鮮&完熟のしるしです。

アボカド

| 選び方 | 皮にツヤとハリがあり、色は黒と緑の中間がよい |

冷蔵保存

ラップで包んでポリ袋に入れる

丸ごとのアボカドは、1個ずつラップで包んでからポリ袋に入れて保存する。

保存場所	保存期間
野菜室	1週間

冷凍保存

食べやすく切って冷凍用保存袋に入れる

ひと口大などに食べやすく切って、冷凍用保存袋に入れる。

解凍方法	保存期間
自然解凍	2〜3週間

半分に切ったアボカドは切り口にレモン汁を塗り、タネをつけたまま保存する。

電子レンジで加熱するだけ！
いちごジャム

材料（作りやすい分量）
冷凍いちご　100ｇ
砂糖　40ｇ
レモン汁　大さじ½

つくり方
1　耐熱ボウルに冷凍いちごと砂糖、レモン汁を入れて混ぜる。
2　ふんわりとラップをして、電子レンジで4分加熱する。
3　アクを取り、スプーンで軽く実をつぶして混ぜ、ラップをかけずにもう3分加熱する。
※保存期間は冷蔵庫で1週間です。

朝食代わりにもおすすめ！
ブルーベリーと
バナナのスムージー

材料（2人分）
冷凍ブルーベリー　100ｇ
冷凍バナナ（輪切り）　1本分
牛乳　150㎖
プレーンヨーグルト　50ｇ
はちみつ　小さじ1

つくり方
1　ミキサーにすべての材料を入れ撹拌する。
2　グラスに注ぎ、あればミントと冷凍ブルーベリーを飾る。
※牛乳とヨーグルトの割合はお好みで。牛乳を豆乳に変えてもおいしいですよ。

冷凍マンゴーが氷代わりに！
マンゴーソーダー

材料（2人分）
冷凍マンゴー（角切り）　50g
炭酸水　適量
レモン（薄い半月切り）　2枚
ローズマリー　2本

つくり方
1　グラスに冷凍マンゴーを入れ、炭酸水を注ぐ。
2　レモンとローズマリーを加える。
※炭酸水をサイダーに変えれば、お子様向けのドリンクになります。

カラフルでかわいいでしょ！
フルーツアイスキャンディー

材料（2本分）
冷凍パイナップル（角切り）　50g
冷凍キウイ（角切り）　1個分
冷凍ブルーベリー　10〜20g
りんごジュース（100％）　適量

つくり方
1　紙コップ（200㎖）2つに冷凍パイナップル、冷凍キウイ、冷凍ブルーベリーを等分に詰め、リンゴジュースを8分目まで注ぐ。
2　アルミホイルをかぶせてからアイスの棒を中心に挿し、冷凍庫で冷やす。
※フルーツは好きなものを組み合わせて、ジュースはグレープやオレンジジュースでもOK！

COLUMN 4

旬の短いフルーツもおいしく保存

たくさんもらったり、大きくて1度では食べきれなかったり、旬の短いフルーツも上手に保存すればおいしく長持ちします!! 冷凍での保存も組み合わせて活用してみてください。

スイカ
【冷蔵】 3〜4日
切り口をラップで覆う
カットしたら切り口にラップを密着させ保存する。
【冷凍】 1か月
ひと口大に切って冷凍
皮とタネを取り、ひと口大に切って冷凍用保存袋に入れる。

桃
【冷蔵】 5日
ポリ袋で二重に包む
基本的に常温ですが、冷蔵するならポリ袋で二重に包み野菜室へ。
【冷凍】 1か月
丸ごと冷凍する
1個ずつラップで包み、丸ごと冷凍用保存袋に入れて冷凍する。

ぶどう
【冷蔵】 7〜8日
枝を残してカットする
枝を5mmほど残して1粒ずつ切り離し、保存容器に入れる。
【冷凍】 2か月
実だけで冷凍する
実を1粒ずつ外して、冷凍用保存袋に入れて冷凍する。

梨
【冷蔵】 7〜8日
ポリ袋で二重に包む
乾燥を防ぐために、ポリ袋で二重に包み野菜室へ。
【冷凍】 1か月
食べやすく切って冷凍する
皮と芯を取り、食べやすく切って冷凍用保存袋に入れる。

柿
【冷蔵】 3〜4日
ヘタを湿らせ保存する
湿らせたペーパータオルをヘタに当て、ヘタを下にしてラップで包みポリ袋へ。
【冷凍】 1か月
食べやすく切って冷凍する
皮と芯を取り、食べやすく切って冷凍用保存袋に入れる。

栗
【冷蔵】 3か月
新聞紙で包みチルド室
濡れていたらペーパータオルで水けを拭き、新聞紙で包んでチルド室で保存する。
【冷凍】 1か月
皮をむいて砂糖をまぶし冷凍
皮を取り水にさらして水けを拭き、砂糖をまぶして冷凍する。

Part ⑤
野菜の切りおき保存

野菜をまとめてカットし冷蔵庫で保存！
毎日の食事作りがラクになります。

Part 5 野菜の切りおき保存

POINT 1
野菜は新鮮なうちに清潔な道具でカットする

野菜は雑菌の繁殖を防ぐためにも清潔なまな板と包丁を使い、新鮮なうちにカットしましょう。

POINT 2
切った野菜は冷蔵室で保存する

野菜の切りおきは傷むのも早いので、温度の高い野菜室だと雑菌が繁殖しやすくなります。必ず冷蔵室で保存しましょう。

POINT 3
変色や乾燥に弱い野菜は水分と一緒に保存する

変色や乾燥してしまう野菜は水分と一緒に保存すると、みずみずしさをキープしてくれます。

野菜の切りおき保存

忙しいとき、あっという間においしいごはんを
家族に出したいなら、野菜の切りおき保存がおすすめ。
野菜をまとめてカットしたら、袋に入れて冷蔵室に保存するだけ!!
つくりおきよりも時間も手間もかからないので、仕込みがラクちんです。

POINT 4
袋や容器は用途別に使い分けを！

【ポリ袋】
袋の口がきつくしまって開けにくいことがあるので、一度で全量使い切れる保存に便利。使い捨てできるので洗いものもない。

【保存容器】
水と一緒に保存する野菜や、ちょっとずつ使いたい香味野菜に。透明の容器なら、中身や残量がひと目で分かる。

【スライドジッパータイプの保存袋】
つまみを動かすだけなので開け閉めがラク。少量ずつ使いたい野菜の切りおき保存に便利。マチ付きならさらに使いやすい。

切るだけ

白菜

【つくり方】 ざく切りにしてポリ袋に入れ、袋の口をゆるく結ぶ。
【保存期間】 4〜5日
【調理例】 鍋や炒め物、スープやクリーム煮、即席漬けなどに。

キャベツ

【つくり方】 芯を除いて2cm幅の短冊切りにし、ポリ袋に入れ袋の口をゆるく結ぶ。
【保存期間】 4〜5日
【調理例】 鍋や炒め物、スープやパスタ、即席漬けなどに。

小松菜

【つくり方】 3〜4cm長さに切ってポリ袋に入れ、袋の口をゆるく結ぶ。
【保存期間】 4〜5日
【調理例】 鍋や炒め物、スープや煮びたし、ごま和えなどに。

玉ねぎ

【つくり方】 くし形や横1cm幅に切ってポリ袋に入れ、袋の口をゆるく結ぶ。
【保存期間】 4〜5日
【調理例】 炒め物や卵とじ、スープや味噌汁、かき揚げなどに。

長ねぎ

【つくり方】 斜め薄切りやぶつ切りにしてポリ袋に入れ、袋の口をゆるく結ぶ。
【保存期間】 4～5日
【調理例】 炒め物や鍋、スープや焼きびたし、ミルク煮などに。

かぼちゃ

【つくり方】 タネとワタを取り、角切りや薄切りなどにしてポリ袋に入れ、袋の口をゆるく結ぶ。
【保存期間】 4～5日
【調理例】 煮物やサラダ、スープ、天ぷら、グラタンなどに。

パプリカ＆ピーマン

【つくり方】 ヘタとタネを取り、細切りや乱切りなどにしてポリ袋に入れ、袋の口をゆるく結ぶ。
【保存期間】 4～5日
【調理例】 炒め物やナムル、ピクルスやマリネ、サラダなどに。

インゲン

【つくり方】 ヘタを取って3～4cm長さに切り、ポリ袋に入れ袋の口をゆるく結ぶ。
【保存期間】 4～5日
【調理例】 炒め物や煮物、味噌汁やごま和え、かき揚げなどに。

Part 5 野菜の切りおき保存 ひと目で分かる！野菜の切りおきリスト

切るだけ

大 根

【つくり方】 いちょう切りや拍子木切りにしてポリ袋に入れ、袋の口をゆるく結ぶ。
【保存期間】 4〜5日
【調理例】 煮物や炒め物、鍋やみそ汁、即席漬けなどに。

切って水分と一緒に

万能ねぎ

【つくり方】 小口切りにして、水で濡らして軽く絞ったペーパータオルと一緒に保存する。
【保存期間】 6〜7日
【調理例】 うどんの薬味や料理の彩り、卵焼きやチーズ焼き、スープなどに。

しめじ

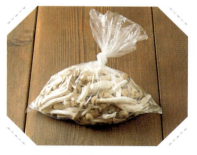

【つくり方】 根元を切ってほぐし、ポリ袋に入れ袋の口をゆるく結ぶ。
【保存期間】 4〜5日
【調理例】 炒め物や和え物、煮びたしや炊き込みごはん、味噌汁などに。

にんじん

【つくり方】 千切りやいちょう切りにしてポリ袋に入れ、袋の口をゆるく結ぶ。
【保存期間】 4〜5日
【調理例】 炒め物やきんぴら、和え物やマリネ、スープなどに。

切って水につける

レタス

【つくり方】 手で食べやすくちぎって水と一緒に保存し、3日に1度水を取り替える。
【保存期間】 6〜7日
【調理例】 サラダや和え物、炒め物やスープ、レタスチャーハンなどに。

ブロッコリー

【つくり方】 小房に分けて水と一緒に保存し、3日に1度水を取り替える。
【保存期間】 7〜8日
【調理例】 炒め物やチーズ焼き、サラダやマリネ、スープなどに。

ニラ

【つくり方】 3〜4cm長さに切って水と一緒に保存し、3日に1度水を取り替える。
【保存期間】 7〜8日
【調理例】 炒め物やニラ玉、鍋や味噌汁、チヂミなどに。

レンコン

【つくり方】 いちょう切りや輪切りにして水と一緒に保存し、3日に1度水を取り替える。
【保存期間】 7〜8日
【調理例】 炒め物やきんぴら、フライやスープ、マリネなどに。

ミックス野菜にして

キャベツ＋にんじん＋ピーマン

【つくり方】 キャベツとピーマンはざく切り、にんじんは短冊切りにしてポリ袋に入れ、袋の口をゆるく結ぶ。
【保存期間】 4〜5日
【調理例】 野菜炒めやスープ、焼きそばやラーメンの具、和えものや甘酢漬けなどに。

キャベツ＋ミニトマト

【つくり方】 ミニトマトはヘタを取り、キャベツは太めの千切りにしてポリ袋に入れ、袋の口をゆるく結ぶ。
【保存期間】 4〜5日
【調理例】 コンソメスープやバター炒め、リゾットなど。1cm幅に切ったベーコンを加えて保存も便利。

白菜＋しょうが

【つくり方】 白菜はざく切り、しょうがは千切りにしてポリ袋に入れ、袋の口をゆるく結ぶ。
【保存期間】 4〜5日
【調理例】 鍋やすき煮、炒め物やスープ、即席漬けなどに。

きのこミックス

【つくり方】 好きなきのこを数種類使いやすく切ってポリ袋に入れ、袋の口をゆるく結ぶ。
【保存期間】 4〜5日
【調理例】 炒め物やパスタ、炊き込みごはんやスープ、ナムルなどに。

小松菜＋しめじ

【つくり方】　小松菜は3〜4cm長さに切って、しめじは根元を切ってほぐし、ポリ袋に入れ袋の口をゆるく結ぶ。
【保存期間】　4〜5日
【調理例】　炒め物やナムル、煮びたしや卵とじ、味噌汁などに。

にんじん＋インゲン

【つくり方】　にんじんは細切りにして、インゲンは3〜4cm長さに切り、ポリ袋に入れ袋の口をゆるく結ぶ。
【保存期間】　4〜5日
【調理例】　卵炒めやきんぴら、肉巻きやごま和え、スープなどに。

パプリカ＋かぼちゃ＋ズッキーニ

【つくり方】　パプリカは乱切り、かぼちゃはいちょう切り、ズッキーニは輪切りにしてポリ袋に入れ、袋の口をゆるく結ぶ。
【保存期間】　4〜5日
【調理例】　ラタトゥイユやキッシュ、炒め物やチーズ焼きなどに。

玉ねぎ＋にんじん＋ピーマン

【つくり方】　玉ねぎ、にんじん、ピーマンは、大きめのみじん切りにしてポリ袋に入れ、袋の口をゆるく結ぶ。
【保存期間】　4〜5日
【調理例】　ピラフやオムライス、ハンバーグやオムレツなどの具やクラムチャウダーなどに。

おいしく野菜保存！
冷蔵庫の収納術

冷蔵庫でおいしく野菜を保存するためには、見やすくて取り出しやすい収納を心がけましょう。開閉時間を短くして庫内の温度上昇を防ぐことができれば、野菜の鮮度もキープできます。

透明な保存容器を使って保存する

保存容器は透明なものを使って保存しましょう。何がどれくらい入っているのか、冷蔵室なら横から見てひと目で分かります。

使いかけの野菜は一か所にまとめる

使いかけの半端な野菜は、かごなどにまとめて一か所にまとめておくと使い忘れが防止できます。野菜室の上段の見やすい場所に置きましょう。

空き容器を使って立てる

野菜は畑で育った状態で保存すれば長持ちします。瓶やペットボトルの空き容器を使って野菜室に立てて収納すると便利です。ただし、瓶やグラスなどに水を入れて保存する野菜などは庫内で転倒しやすいので、ドアポケットに保存してもOKです。

冷凍

急速冷凍スペースをつくる

早く凍結すれば、味や食感が損なわれにくく、おいしさがキープできます。熱伝導がよい金属製トレイにのせて冷凍すると、通常より早く冷凍できるので、庫内の上段に急速冷凍スペースをつくっておくと便利です。

立てて収納する

上に重ねて収納すると、下のものが取り出しにくくなるので、袋を平らにして冷凍をしたら、カゴやブックスタンドなどを利用して立てて収納するとスッキリと見やすくなります。金属製のブックスタンドなら、冷却効果も高まります。

見える位置にラベルをつける！

立てて収納したときに見やすいように、袋の上にラベルをつけましょう。マスキングテープなどに中身や日付を記入しておけば、袋を持ち上げなくてもすぐに探せます。

種類別にエリアを決める

種類別に収納エリアを決めておくと、冷凍した食材が探しやすくなります。「肉や魚」「葉物野菜」「根菜」「冷凍食品」…など、収納場所のルールを決めておきましょう。

索引（50音順）

あ

アスパラ	37
アボカド	111
イタリアンパセリ	107
いちご	95,108,112
インゲン	68,119
枝豆	70
えのき	89
エリンギ	90
大葉	53,94,101
オクラ	51,67
オレンジ	110

か

かいわれ大根	47
柿	114
かぶ	76
株採りなめこ	91
かぼちゃ	62,119
カリフラワー	39
キウイ	110,113
絹さや	69
キャベツ	20,118
きゅうり	51,56
栗	114
グレープフルーツ	110
クレソン	36
ゴーヤー	50,64
ごぼう	73,83
小松菜	26,118

さ

さつまいも	80
里いも	82
サニーレタス	34
しいたけ	73,86
しし唐	61
しめじ	88,120
じゃがいも	78
春菊	28
しょうが	23,48,75,87,94,96
スイカ	114
ズッキーニ	66
セロリ	35

た

大根	55,74,120
玉ねぎ	40,97,118
青梗菜	27
とうもろこし	70
豆苗	46,92
トマト	52,92

126

な

長いも ……………………… 81
長ねぎ ……………………… 42,119
梨 …………………………… 114
茄子 ………………………… 54
ニラ ………………………… 29,121
にんじん ………… 48,72,77,120
にんにく
　………………… 31,61,65,98,104

は

パイナップル ……………… 113
白菜 ………………………… 22,118
パクチー …………………… 104
バジル ……………………… 95,106
パセリ ……………………… 99,105
バナナ ……………………… 108,112
パプリカ ………………… 50,60,119
万能ねぎ ………………… 43,89,120
ピーマン ………………… 48,58,119
ぶどう ……………………… 114
ブルーベリー
　………………………… 111,112,113
ブロッコリー
　………………………… 18,38,48,121
ほうれん草 ………………… 18,24

ま

まいたけ …………………… 90
マッシュルーム …………… 91
マンゴー …………………… 113
みかん ……………………… 109
水菜 ………………………… 30
三つ葉 ……………………… 31,55
みょうが …………………… 100
ミント ……………………… 95,106
桃 …………………………… 114
もやし ……………………… 19,44

や

柚子 ………………………… 102

ら

りんご ……………………… 109
レタス ……………………… 19,32,121
レモン …………………… 103,112,113
レンコン ………………… 72,84,121
ローズマリー …………… 107,113

島本美由紀

料理研究家・ラク家事アドバイザー。実用的なアイデアが好評でテレビや雑誌を中心に活躍し、著書は50冊を超える。
2018年に食エコ研究所を立ち上げ、冷蔵庫収納と食品保存が学べるスクールを運営。食品ロス削減アドバイザーとしても活動し、家庭で楽しみながらできるエコアイデアを発信している。
http://shimamotomiyuki.com/

野菜保存のアイデア帖

2019年4月19日 初版第1刷発行

著者	島本美由紀
写真	安部まゆみ
	Shutterstock, Inc (P16) / 株式会社アマナイメージズ (P70)
	©photographyfirm/Shutterstock.com (P16)
	©KUNIO HIRANO/SEBUN PHOTO/amanaimages (P70左)　©Hue/orion/amanaimages (P70右)
デザイン	嘉生健一
校正	佐藤知恵
調理アシスタント	原久美子
編集	諸隈宏明

発行人	三芳寛要
発行元	株式会社パイ インターナショナル
	〒170-0005 東京都豊島区南大塚2-32-4
TEL	03-3944-3981
FAX	03-5395-4830
	sales@pie.co.jp
印刷・製本	図書印刷株式会社

© 2019 Miyuki Shimamoto / PIE International
ISBN 978-4-7562-5174-9 C 0077
Printed in Japan
本書の収録内容の無断転載・複写・複製等を禁じます。
ご注文、乱丁・落丁本の交換等に関するお問い合わせは、小社までご連絡ください。